唐长安的信仰

朱 鸿 ◎ 著

西安出版社

图书在版编目（CIP）数据

唐长安的信仰 / 朱鸿著． -- 西安： 西安出版社，
2018.4（2023.4 重印）

ISBN 978-7-5541-3015-5

Ⅰ．①唐… Ⅱ．①朱… Ⅲ．①长安（历史地名）—宗教
信仰—研究—唐代 Ⅳ．①B928.2

中国版本图书馆 CIP 数据核字（2018）第 059479 号

唐长安的信仰

著　　者：朱　鸿
出版发行：西安出版社有限责任公司
社　　址：西安市雁塔区雁南五路1868号曲江影视大厦11层
电　　话：（029）85253740
邮政编码：710061
网　　址：www.xacbs.com
印　　刷：天津图文方嘉印刷有限公司
开　　本：787mm×1092 mm　1/16
印　　张：11.25
字　　数：156 千
版　　次：2018 年 4 月第 1 版
　　　　　2023 年 4 月第 2 次印刷
书　　号：ISBN 978-7-5541-3015-5
定　　价：45.00 元

在史迹上寻找唐长安的信仰

　　2007 年 8 月 17 日，我随一些老师赴陕西彬县，以观大佛寺。进山门，再进殿门，我看到了端坐的阿弥陀佛之造像。崖面巨大，延伸 400 余米，造像众多，计有 1980 余尊，不过主尊为此佛。阿弥陀佛的造像显然上了新的颜色，眼睛很亮。

　　我在 1992 年就看过大佛寺。那时候，我在西安玉祥门乘长途汽车，几近于朝发夕至。先到彬县，再坐三轮车到大佛寺。尽管已经奔驰了半天，也不敢吃饭，是怕大佛寺的职员下班。

　　大佛寺所有的造像虽有石窟庇护，然而久经风化雨蚀，难免显沧桑之感。312 国道便在石窟之下，

大佛寺正门

世界文化遗产彬县大佛寺石窟

大佛寺石窟

北边就是泾河。

　　这里没有什么人，只有我在石窟转来转去。自己觉得读够了，便匆匆跑至国道边的一棵柳树旁，等待从此经过的甘肃的长途汽车，带我返西安。不感到辛苦，即使深夜到西安也可以。

　　大佛寺列入世界遗产名录了，所以上了新的颜色，还筑了宫室。不过我以为我在25年前所见的大佛寺更具气氛，更触灵魂，也让我求索一个问题：从南北朝到唐，信仰究竟会产生多少精神的力量，以使人完成如此艰险的工作？

1992 年，我不仅走了大佛寺，还走了关中其他九个宗教场所。我四处云游，并在每一个宗教场所久久徘徊，有所思考。

这种田野考察的习惯，一直坚持到现在，以使我得以在史迹上寻找唐长安的信仰。当然，我的田野考察也不唯唐长安的信仰。不过唐长安及其这里所具的信仰，的确是一个有意味的问题。

唐长安处于盛世的日子，人口足有百万。那时候，巴黎在哪里呢？柏林在哪里呢？伦敦又在哪里呢？纽约和东京又在哪里呢？罗马帝国很大，然而它在公元 476 年便残破了，尽管它的永恒之城还在，不过它有百万人口吗？拂菻，或拜占庭，或君士坦丁堡，它有百万人口吗？

唐长安不仅人口多，而且充满了宗教场所。人类的生存和发展，只靠饮食并不够。在进化过程中，人类也发明了对天命的敬畏，对神的崇拜。也许人类之所以会征服其他动物，成为地球的主宰，就是因为它有信仰。

唐长安的百万人口，各有信仰。

有的信仰佛教，便进寺院。佛教的中国化，又使佛教分为数宗，而其中六宗的祖庭则在唐长安。寻找佛教的信仰，我一一走了草堂寺、华严寺、大慈恩寺、净业寺、香积寺和大兴善寺。法门寺属于唐长安最早的寺院，还没有谁能断它一个准确的修建岁月。不过它素为皇家所重，我三走五走，反复体验。广仁寺并非唐长安的产物，然而它坐落于唐长安的基墟上，又是这里唯一的藏传佛教格鲁派寺院，我也要走一走。其他寺院，只要有特点，似乎也不能漏掉不走。

有的信仰道教，便进楼观。隋文帝至此有礼，唐高祖更是至此归亲，我也是频频而走。玄都观在唐长安也有威望，刘禹锡借此桃花讽刺当朝权贵，个性颇强。我也想走一走，可惜玄都观湮灭了。

有的信仰基督教，便进大秦寺。大秦寺是唐太宗敕营，在唐长安显然是有国家背景的。其自起至毁，曾经有蒸蒸日上的表现，足见唐长安对它的一种接受。大秦寺的设立，是基督教文化在中国的交流，更是希伯来文化在中国的交流。我也希望走一走，然而它没有了。

大慈恩寺院内佛像

有信仰拜火教的人，便进祆祠。唐长安有祆祠五所，主要是波斯人和粟特人通过一定的仪式，表达对琐罗亚斯德的尊崇。祆祠大兴，可能源于波斯王子在唐长安的流寓，这也是国家利益所系。走一走吧，不过它也没有了。

有的信仰摩尼教，便进大云光明寺。大云光明寺是唐代宗所敕作，也具国家背景。到这里来致敬的主要是回纥人和粟特人。我愿意走一走，然而它也没有了。

有的信仰伊斯兰教，便进清真大寺。它也造于唐长安，而且现在仍为伊斯兰教徒所用。走一走，很方便。1992年我初往，之后还往几次，感到这里的建筑和花木保存得很是齐整。

翻山越岭，过街入巷，我到处走。或荒凉衰败，人迹罕至，或繁华喧闹，人流滚滚，我别无选择，当走就走。在史迹上走来走去，无非是在寻找唐长安的信仰，以感受人的精神现象。越是寻找，我越感到唐长安的伟大。我体会最深的，我认识最深的，是唐长安的一种宽容。它的伟大，也在于宽容。

还有一个问题：是什么力量使人放弃了日常的欢乐，甚至不惜财富，不惜生命，终其春秋地传播自己的宗教？

25年前，我望着大佛寺的石窟便感慨万千。当我一次又一次地在史迹上寻找唐长安的信仰，我仍是喟叹连连。我只能想，在历史上，在现实中，有一种人是靠精神的力量生存和发展的。

二〇一七年八月二十九日，窄门堡

目录

唐长安城示意图

图例：
- 城墙及城门
- 宫墙及宫门
- 街道
- 坊（常乐）

城门：重玄门、玄武门、光化门、景曜门、芳林门、通化门、春明门、延兴门、延平门、金光门、开远门、安化门、明德门、启夏门

宫殿：大明宫、含元殿、含光殿、大液池、龙首池、太极宫、西内苑、掖庭宫、东宫、兴庆宫、龙池

坊名（自上而下、自左而右）：
修真、安定、修德、光宅、长乐、十六王宅
蓄宁、修祥（兴福寺）、辅兴、翊善、大宁、兴宁
义宁（波斯胡寺）、金城、颁政、永兴、安兴、永嘉
居德、醴泉（祆祠）（波斯胡寺）、布政（祆祠）、大杜、鸿胪寺、太常寺、太庙、崇仁、胜业
群贤、怀远（大云经寺）、延寿、太平、善和、兴道、务本、平康、东市、遵政
怀德、光德、通义、通化、开化、朝义、万年县（宣阳）、常乐
崇化、怀远、延康（西明寺）、兴化、丰乐、安仁（荐福寺塔）、长兴、亲仁（靖恭祠）、安邑、新昌（青龙寺）
丰邑、长寿（长安县）、群贤、崇德（奉圣寺）、安业、光福、永乐、永宁、宜平、升道（龙华尼寺）
待贤、嘉会、延福、怀贞、靖善（玄都观）（乐业）（大兴善寺）、靖安、永崇、升平、修行、立政
永和、永平、永安、宜义、永达、兰陵、安善（昭国）（教智达）（慈济寺）、修政、敦化
常安、通轨、敦义、丰安、道德、开明、大业、薛国（慈恩寺塔）、通善、青龙
和平、归义、大通、昌明、光行、保宁、昆明、通善、青龙
永阳（大庄严寺）、昭行、大安、安乐、延祚、安义、安德、通济、曲池、芙蓉园

西市、东市

水池：曲江池、芙蓉园、太液池、龙首池

法门寺
皇家寺院

　　法门寺的影响在于其地宫藏有佛骨，谓之佛指舍利，为释迦牟尼圆寂以后，火化所留的结晶，是佛教徒崇拜之圣物。

　　佛骨初由印度八王均分，诸国皆起塔供奉。以后有阿育王在印度执政，他要广传佛法，遂掘诸国之塔，取出佛骨，分为8万4千份，远送天下，一一建塔以纪念。阿育王唯没有取出蓝莫国所藏的佛骨，因为这里有龙喷水，挖塔不得。

　　法门寺的佛骨源于阿育王所分，法门寺也当随之所置。阿育王统治的时代在公元前273年至公元前232年，相当于战国晚期。也许已经到秦，可惜断之颇艰。也有观点认为法门寺营于东汉，或是北魏、西魏，甚至是北周的。想象起来，还是阿育王所分佛骨之际作塔显得合情且伟大，它也对应着战国的风云变幻。我赞同这样的分析：是阿育王派使者赠佛骨到中国来了。

　　实际上法门寺在隋为成实道场，在隋之前为阿育王寺，塔为阿育王塔。至公元618年，唐高祖李渊才改成实道场为法门寺，并升格为皇家寺院，它遂有了一番辉煌的经历。

　　有唐一代的皇帝，相信佛教界所传之言，舍利塔过30年开封展示，

1

法门寺舍利塔

可以生善,从而国泰民安,社会富裕,自己也能得福以寿。既然可以生善,遂启舍利塔,大行瞻礼。

法门寺舍利塔塔身局部

公元631年,唐太宗在位,佛骨面世。没有迎至长安,只是在法门寺供览。僧俗之人,成千上万,汹涌争相围观。这是第一次。

公元659年,遵唐高宗之令,有僧智琮和慧辩,及给使王长信,携上所赐钱5000及绢3500匹往法门寺去,以迎佛骨。天下风闻,从长安至凤翔数百里,人来人往,无不激动。佛骨先到长安,再到洛阳,完全是循规。武则天赐物甚多,并以金银为佛骨制棺作椁。至公元662年,送佛骨回法门寺。这是第二次。

公元704年,女皇帝武则天命凤阁侍郎崔玄韦并僧法藏和纲律师一行迎佛骨。作法数日,谨然发其地宫,以得佛骨。人从四方云集,遂成一时之盛。到了除夕这一天,佛骨至长安,置崇福寺。有在长安的留守会稽王率官属,以种种方式表达尊意。异花之香,上下漂浮,鼓乐之妙,遐迩以赏。过了年,佛骨又至洛阳,武则天遂命王公以降及洛阳一带僧俗投体以迎。置佛骨于明堂,武则天认真祈祷,伏身叩首。武则天登极的理论基础为佛教,佛骨之迎遂特别隆重。不久,女皇帝退位,旋即逝世,遂由唐中宗执政。权力转手,上有数年之忙,佛骨便一直存洛阳。到了公元708年,上得闲暇,才为法门寺题以大圣真身宝塔,并令法藏造白石灵帐一铺,送佛骨归法门寺。唐中宗和韦皇后显然也十分虔诚,他们率子女剪头发放之地宫。这是第三次。

公元760年,唐肃宗敕中使宋合礼、府尹崔光远及僧法澄迎佛骨,置之于长安内道场。虽然尚在消灭安史之乱的残余,宇内还未稳定,不

明代真身宝塔

法门寺珍宝楼

过上仍亲临大位，以表虔诚之心。两月以后，佛骨还法门寺。上所赐甚为丰厚，有瑟瑟像一铺，瑟瑟数珠一索，金袈裟一副，还有金银之具和沉檀之香。这是第四次。

公元790年，唐德宗令迎佛骨至长安，置之于禁中，又诏由长安诸寺轮流张设。长安万众竞瞻，施舍累累。历二月，佛骨返法门寺。这是第五次。

公元819年，唐宪宗迎佛骨至长安，留禁中三天，送之于长安诸寺。王公贡献，士庶奔走，佛骨所至，人山人海，有的竟焚顶烧指，解衣散财，自晨而暮，城沸坊腾，百姓多有停业。刑部侍郎韩愈为儒家，见佛教如此之热，慨然上疏，反对上迎佛骨。由于心切，表达了这样的观点：敬佛求福，反倒得祸，敬佛祝寿，反倒短命。上震怒，要以死罪治之。大臣裴度和崔群赶紧恳请上以宽大为怀，因为韩愈毕竟是出于忠君。上颇感委曲，对大臣说："愈言我奉佛太过，犹可容；至谓东汉奉佛以后，天子咸夭促，言何乖刺邪？愈人臣，狂妄敢尔，固不可赦。"虽然态度强硬，不过上还是听了劝，遂贬韩愈至潮州。仪式全然结束，佛骨还法

5

门寺。这是第六次。

公元 873 年，唐懿宗令迎佛骨。有大臣极谏，甚至暗示唐宪宗是迎佛骨而驾崩的，然而上曰："朕生得见之，死亦无恨。"从长安到法门寺，数百里之间皆由禁军兵杖引导，车马轰鸣，梵音连绵。皇室专门制作了敬佛之物，凡浮图、宝帐、香舆、幡、幢、盖，皆饰以金玉、锦绣和珠翠，各立各位，十分华丽。上亲临安福楼致礼，迎佛骨至内道场。魂有所感，上竟泣下沾衣。见皇帝这样信靠，有僧就用火点燃一把艾放在自己头上，谓之炼顶。灼烧剧痛，僧便倒地扭曲，纵声号哭。三天之中，内道场设金花帐，摆温情床，用龙鳞之席和凤毛之褥，焚玉髓之芳，荐琼膏之乳，玄幻至极。三天以后，送佛骨至安国寺，又至崇化寺。宰相以降，百官竞相施舍，不甘于薄。所经之地，长安人无不聚众以歌，夹道而呼。在迎佛骨掀起一浪高于一浪的崇拜之中，唐懿宗卒，真是事有难料之忧。于是唐僖宗就匆匆登极。到了十二月的一个吉日，唐僖宗诏佛骨回法门寺。凡皇帝、皇后、王公大臣，皆有珍宝相赐。至公元 874 年，择正月初四之日，以密宗的方式，把佛骨并供养之物统统装进地宫，紧关石门而封之。这是第七次。

七为盛，所以这也是最后一次仰佛骨。

足有 1113 个春秋，再也没有开启法门寺地宫。直到 20 世纪 80 年代的一次考古，才得以让佛指舍利及数千件供养之物出土见天。供养之物既有唐僖宗所赐，也有之前的唐皇

佛像

法门寺半壁残塔

1981 年 8 月 24 日，关中地区淫雨连绵，法门寺明代真身宝塔向西南方向坍塌约三分之一，其余半壁巍然屹立，一时成为奇观。

舍利塔文物

帝所赐，不过以唐僖宗所赐为繁。数千件供养之物，包括金银、玻璃、水晶、玉器、琥珀、秘色瓷、铜、玳瑁及丝绸，体现了唐的文明程度。

出于一种精神探索，我曾经一再往法门寺去，感受其神秘，也体验周原的沧桑。周原荒凉，不失旷野之美。法门寺寂静，不失朴素之美。把旅游和佛教联系起来，以带动消费，发展经济，思路没有问题。然而法门寺对世界的吸引，关键在于这里有大德，有神灵，使福寿心理得到满足。遗憾的是，不知道什么时候，在真身宝塔的一侧，营造了空洞的广场和怪诞的屋宇，毫无庄严之态，慈悲之蕴。如果以为把法门寺扩大一些，再扩大一些，就会让万邦兴奋，万众向往，那么确实是想错了。我现在至法门寺，是会规避某种建筑的，以免受到恶性刺激。

舍利子

草堂寺
三论宗祖庭

这是 2012 年的一天，微风细雨，澄然起见草堂寺之心，遂发轫而去。做伴的，朋友周博学，学生郝彦丰。走西安至太平峪公路，30 公里，不紧不慢的言语之间也就到了。

有一年的隆冬，我独探草堂寺。坐长途汽车至户县，再坐三轮车至草堂镇，到这里以积雪封路，三轮车不驰，我便步行。地平野旷，乡村荒径，尽是白色。我不顾一切地向前，血液里充满奋发之力。当时留下的纪录，显然透露了一种清明的信息。

1992 年一场大雪之后，我瞻仰了草堂寺。尽管天气晴朗，阳光明亮，但秦岭的圭峰之下却冰滑霜脆，茫茫一片。草堂寺的红墙燃烧在阴冷的田野之中，挺拔的古木伸向宁静的天空，远远的圭峰凝然而寒冷，所有的雪都落在了岗峦和峡谷，草木一律染成了白色。草堂寺的红门紧紧关着，连一个缝隙也没有。我敲门呐喊，并反复呐喊敲门，才有僧拉开了红门。一个中年和尚，身披灰袍，拿着佛书，缩着脖子，似乎不悦，但他却终于敌不过我的诚意，便放我进去。和尚随手推关了红门，那红门发出的悠悠的响声，划破了这里的静谧。一方小小的佛院，晶莹而剔透，松，柏，槐，杨，颜色黯淡，悄然立于甬道两旁的空地，根部都壅着雪。甬路狭窄，仅能移步，不过笔直而四通八达，路面的雪已经扫得干干净净，只是我不见行人。

我看到的草堂寺仍是红墙，不过隔公路而筑的，是一排经商的平房，镶嵌着白色的磁片，既张灯笼，又扬旌旗，如在御内常有的范式。可惜它恰恰阻断了视线，不见秦岭，何有圭

草堂寺正南门

天王殿简介

鼓楼

峰。红门面山，也还紧紧关着，然而旁有柴扉，可以进庙。投身跨槛，便闻老声要求买票。循讯而盼，见数平米的小屋，媪坐窗里，手伸窗外。一张票20元人民币，付讫便速去。

我想以过去的印象套合今之景物，然而不行，它总是出现差异。

对着红门的是天王殿，两边各有偏房。右边的格子门，格子窗，尽涂朱色，檐下铺麻石，左边的正在修葺，门窗皆木，呈为白色，檐下的台阶由混凝土所铸。此处显然是一个单元，庭院所覆都是机器切成的青石，咸备这个时代的特点：没有灵魂，呆头呆脑。

向北，过天王殿，左钟楼，右鼓楼，俱为三层，廊回角翘。在钟楼和鼓楼一带，刻石嶙嶙，其中有一尊纪录清世宗雍正皇帝敕封大智圆正圣僧禅师之碑，反映了草堂寺在清帝国的演化。遗憾的是，此碑在1979年搬运之际，倒地震裂，分为数块。现在所见之碑，是经修复的，残痕焉在。

向北，上七个台阶，为大雄宝殿。目击一瞬，我便感觉它是新的建筑。任何时候都会有新的建筑，不过此宝殿的十楹尽由混凝土所制，圆形，多显斑驳，有的漆皮剥落。这里供奉三佛，中是释迦牟尼佛，左是东方琉璃世界的药师佛，右是西方极乐世界的阿弥陀佛，两侧是十八罗汉。中堂正大，蜡烛静照，遂闻远方鸟鸣嘤嘤。蓦地有僧入中堂，其穿灰袍，穿灰鞋，悄然擦拭条案上的香灰，旋即而去。我自问他是不是那个隆冬给我开门的和尚，不等自答，我便摇头否定了，说：怎么可能呢？

向北，过大雄宝殿，又是一个单元，仍为庭院，大且朗然。这里有大悲殿，供奉观音。其东是客堂，西是服务中心，都锁着门。

向北，过大悲殿，又是一个单元，仍为庭院，顿感宽敞。其东为地藏殿，西为三圣殿，中间立了一尊佛陀诞辰图刻石。刻石下端流水如瀑，刻石背后是法堂。这里供奉清净法身毗卢遮那佛，金碧辉煌，颇为森严。

向北，是一个正营造的建筑。我问席地而坐的三个工人，他们说：

三圣殿

地藏殿

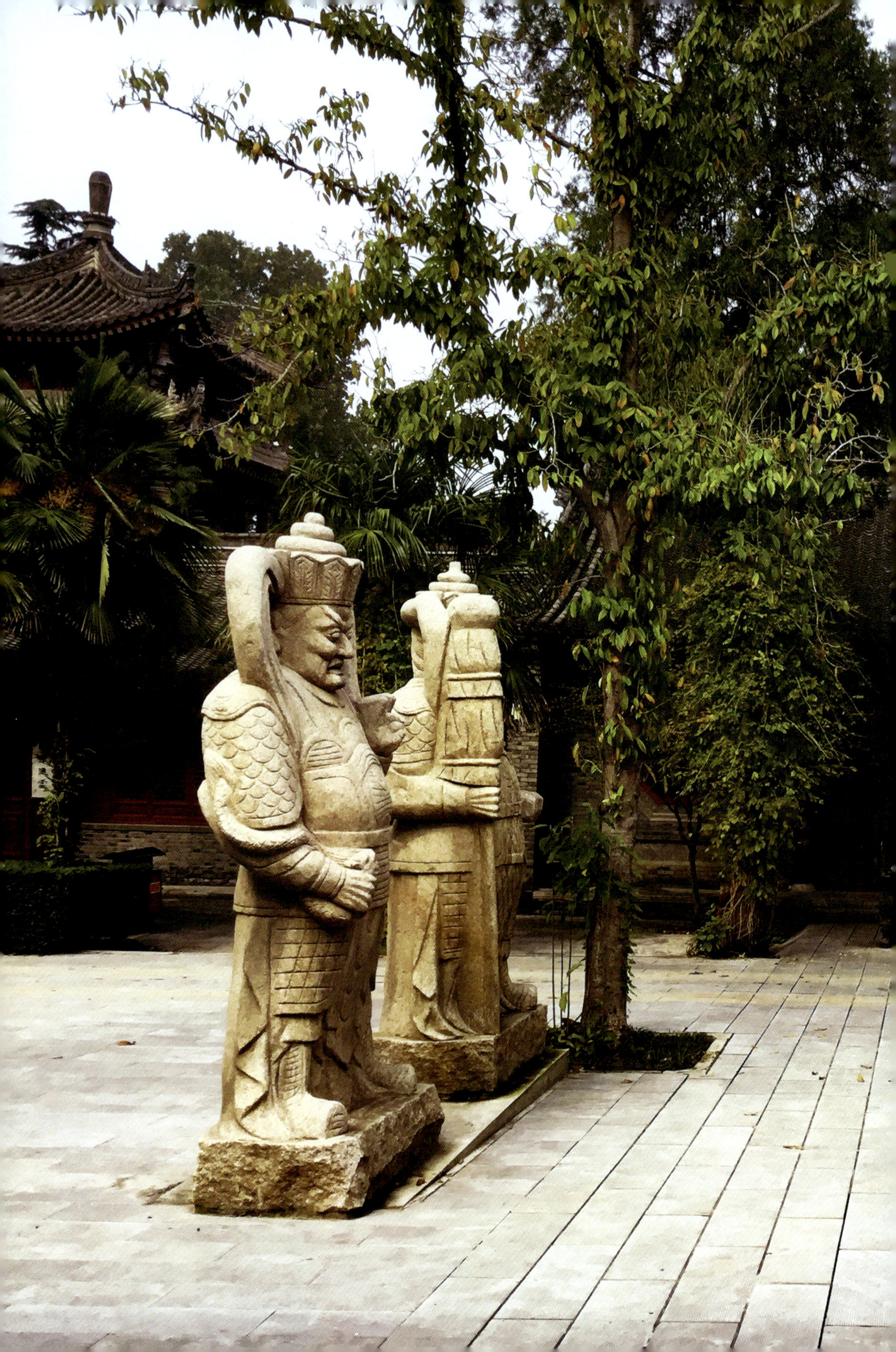

院内石像

大悲殿

寺院大院

"这是马上竣工的藏经楼。"藏经楼背后，天空虚无，云雾濛濛。

我的感觉是草堂寺扩充了，阔气了，是这个时代的庙了。它也冲淡了当年的草堂寺：那时候的草堂寺像一个四合头庭院，大雄宝殿的东西各有几间配室，外为绿树拱围之红墙。现在它真是巨变了，如果有人指出这是别的什么庙，那么我认为是的，因为它与别的什么庙在格局上确实相像。

不过我觉得草堂寺的大树仍很亲切，也多能辨识。踏进红门，便见皮上青苔成堆的国槐，椿，泡桐，柏，它们粗且高，有的根歪干斜，透露着自己艰难的成长过程。附近的一排棕榈，叶硕而怠，又积尘埃，不清不明的。在钟楼与鼓楼之间，柏老而坚，集聚成列，呈一种让人振作的气象。只可惜以青石覆地，总感到大树仿佛是从青石上冒出来的。环法堂之数柏，显然更老，都挂着牌子，以示受到保护。苍劲刚健，质如巉岩。

那么鸠摩罗什舍利塔在何

鸠摩罗什三藏纪念堂

草堂烟雾井

法堂

处呢？一个年轻的和尚指着此庙西边的幽林说："法师舍利塔在古木之间。"草堂寺显然经过了一番新的规划和调整，当年比较疏散，大树杂列于大雄宝殿与舍利塔之间，今之建筑尽沿红门一线幢幢而起，把西边归为沉思与遐想之境，这也好！我便遵示向舍利塔而去。

曲径砖砌，悠然伸入一派修竹。雨润青苔，必须脚作扒状，以防滑倒。环境改变人，在这里是不能趾高气扬的。此地固然竹多，密布成片，不过也有大树拔萃于修竹之上，它们是国槐，梧桐，泡桐，柿，柳，统统本土化，家常化，亲切之极，也森然翁郁，遂使凉意染肌。俄有一个六角亭耸然拦路，审视之，目贴玻璃窗定睛辨识，到了，是鸠摩罗什舍利塔藏于斯。

此塔高2.33米，共8面，12层，以大理石所雕。大理石之色呈青，呈白，呈黄，有镶之为美的意思。其塔之下，是基座和云台，饰以花草。龛之上有盖，若屋脊，为珠顶。其盖之下是阴刻佛像，工艺甚精。仔细读之，所题字是：姚秦三藏法师鸠摩罗什之舍利塔。

鸠摩炎是一个印度人，颇具慧根。有一天顿悟，便弃相位，毅然出家，翻越葱岭，往龟兹国去，今之新疆库车一带传播佛教，并升为国师，娶了龟兹国公主为妻。他们所生的一个儿子就是鸠摩罗什。其 7 岁随母亲出家，学习佛教小乘，领会超群。12 岁转而学习佛教大乘，入庙求师，遂知识奥博，腾声西域，驰名长安。大约 20 岁受戒，发愿向东方布法，以普度众生。

前秦王苻坚，氐人，在长安获悉鸠摩罗什之法大，推崇之至，派大将吕光破龟兹国，得到了法师。可惜公元 385 年苻坚被杀，吕光无所归附，便经营凉州，立后凉国，享皇帝之尊凡 17 年。吕光粗卑，不知道鸠摩罗什的价值，任其自流。法师并未蹉跎，不定之间掌握了汉语。

后秦王姚兴，羌人，在晋安帝隆安 5 年，后秦姚兴弘始 3 年，公元 401 年，遣兵消灭后凉国。十分惊喜的是，在姑藏，今之甘肃武威，发现了鸠摩罗什，姚兴便迎之到长安来。姚兴信仰佛教，遂以国师之礼相待。得到姚兴的支持，鸠摩罗什便按计划工作。大约公元 401 年到公元 405 年，鸠摩罗什多在逍遥园进行佛经汉译，大约公元 406 年至公元 413 年，鸠摩罗什多在长安大寺进行佛经汉译。法师共译佛经 74 部，384 卷。

姚兴似乎是一个狂热的佛教徒，其组织了 3000 余人的团队以辅佐鸠摩罗什，这些人当然也是法师的弟子。姚兴还收集了过去的佛经版本，让法师参考。尤其奇怪的是，根据美国作家比尔·波特提供的考证，姚兴认为鸠摩罗什智慧甚高，要保护此智慧，便选了 10 个宫女，送其入室，要她们与法师生儿育女。比尔·波特分析，鸠摩罗什默受了。大约 70 岁，法师逝世，其火化而舌不坏。

我曾经认为草堂寺出于逍遥园。实际上草堂寺是出于长安大寺的。长安大寺似乎在公元 4 世纪中叶就有了，鸠摩罗什迁于斯，以蒿苫顶作棚，谓之草堂。在此，他佛经汉译，并授其弟子，之后发展为草堂寺。大约北周明帝时，公元 557 年至公元 560 年，草堂寺便出现在笔记之中。当此之际，印度高僧阇那崛多在长安，便居草堂寺。

草堂寺在历史上屡有演变。唐改为栖禅寺，五代改为逍遥寺，宋改为清凉建福禅院，清改为圣恩寺。它们皆为别名，此庙之大名永为草堂寺。

所谓三论宗，指以印度佛教大乘学者龙树和提婆的三部经论为立宗根据的佛教流派。三论宗认为，思维和语言具分别有无及是非的特点，但它却并不能反映独立于意识之外的本体。它有三种法义：其一，破邪显正。破邪就是破有所得之念，显正就是显无所得之念。其二，真谛和俗谛。真谛和俗谛皆是假名，是一种教化上的方便，并不能达到对绝对真理的认识，从而不必执著，不必过分在乎得失。不过佛之言教，圣贤之高论，众生之见解，也都有一定的真理的元素。其三，八不即是中道。一切事物皆因缘聚散，遂不生也不灭，不常也不断，不一也不异，不来也不去，总之，本体不可知也。如是追究，让人纯粹而高尚，脱离低级趣味。

寺院后院

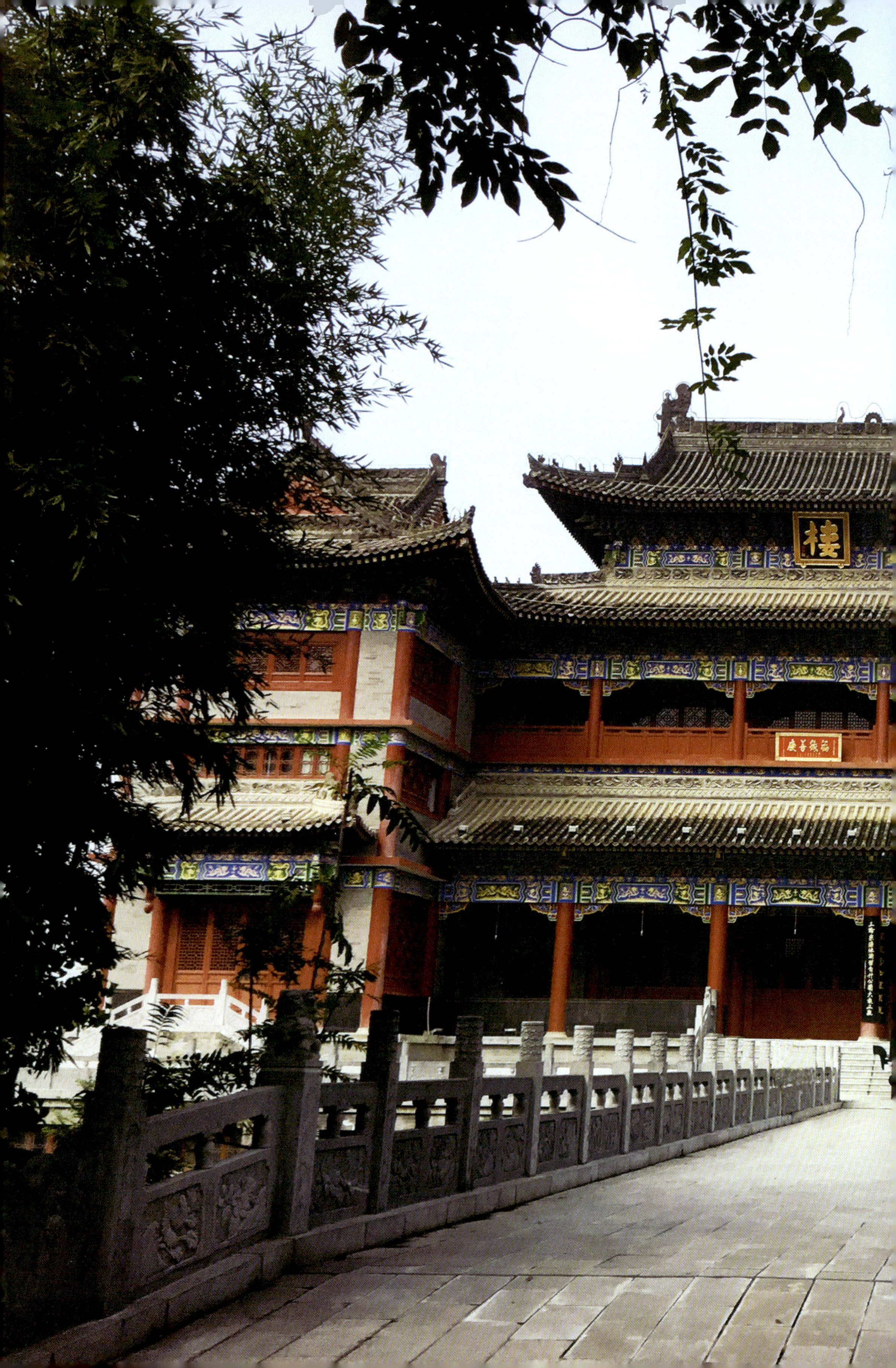
楼

藏经楼

三论宗的发端在鸠摩罗什。龙树和提婆的著作都是梵文，是鸠摩罗什作了汉译，并向弟子孜孜授业，点铁成金。其弟子甚众，对三论宗弘扬有功的弟子是僧肇，僧睿，昙影，僧导，尤以僧肇为杰出。还有一个僧朗，先在关中学习三论宗，后往江南去推广，尝受南朝梁武帝赏识。僧朗有弟子僧诠，僧诠有弟子法朗，都是三论宗的专家。他们誉满江南，并使三论宗成为南朝陈的官方哲学。法朗有弟子 25 哲，尤以吉藏为峰。吉藏，安息人，尝在会稽嘉祥寺研究法义 10 年，深受隋炀帝器重，遂在大兴城为吉藏建日严寺让其居，并组织论坛，使其宣法。吉藏也是唐的大德，尝住实际寺，定水寺，延兴寺，公元 623 年逝世。吉藏集三论宗法义之大成，卒在长安创立了三论宗。若要指出三论宗在中国的传承，那么它当是：鸠摩罗什—僧肇—僧朗—僧诠—法朗—吉藏。

草堂寺之所以是三论宗的祖庭，是因为鸠摩罗什及其弟子汉译龙树及提婆之三论，始于斯，终于斯，他也圆寂于斯。鸠摩罗什及其弟子的努力，显然为三论立宗奠定了基础。吉藏对三论宗法义之大成，就是以鸠摩罗什及其弟子之观点为发轫的，继之并升之，终于完成了对三论宗的创立。

唐之诗人，其多好佛，遂有体验草堂寺之作。白居易，贾岛，温庭筠，都曾经赴此庙拜佛。我喜欢温庭筠的诗，其曰："山近觉寒早，草堂雾气晴。树凋窗有日，池满水无声。果落见猿过，叶干闻鹿行。素琴机虑静，空伴夜全清。"难得这样一种生态啊！

一千余年，在草堂寺归西之僧究竟有多少？不可知。资料显示，圆寂以后，他们一般都会葬兴福塔院。其广 40 亩，在草堂寺以南。这里尝有茔塔近 50 座，圭峰禅师的茔塔也在此。遗憾 20 世纪有一度农业向大寨学习，整田种粮，便毁其茔塔，夷平了兴福塔院。

离开草堂寺，雨随我行，越下越大了。

华严宗祖庭

　　华严寺在少陵原南坡的四府村，俯察樊川，远望秦岭，难得有如此宏阔且透彻的视野。

　　华严宗之根，深扎印度佛教。大约公元 2 世纪前后，东汉之际，进入中国。到公元 3 世纪，在三国，便有人汉译佛经了。西晋继续，到东晋，汉译佛经之人更多。到南北朝，公元 420 年至 589 年之间，印度佛经的华严思想便吸收了中国观念。以其结合中国人的心理和情感，华严宗渐渐中国化。

　　华严宗初祖杜顺，雍州万年县人，今之西安人，南北朝时代，公元 557 年生，18 岁出家，广劝天下之人念

雍正年石碑

阿弥陀佛。他有著作，其在观行方面的无尽缘起说，即法界缘起说，在判教方面的五阶次第说，为华严宗奠定了理论基础。弟子颇多，智俨最为出色。

华严宗二祖智俨，天水人，12 岁受杜顺欣赏，收为弟子，14 岁出家。曾经发愿专治华严理义，并勤于著作，腾声空门。公元 668 年，在清净寺圆寂。弟子颇多，以法藏最为出色。

三祖法藏本是康居国人，其祖父流寓长安，他也就生于长安了。智俨讲经，其心领神会，为智俨所喜欢，收为弟子，觉悟甚快。28 岁便讲经于太原寺，云华寺，大名鼎鼎。公元 696 年，女皇帝武则天诏京师十大德为授具足戒，并赐其贤首之号，为贤首国师。参加佛经汉译，他任证义。他还遵女皇帝武之示，在洛阳讲经。公元 712 年，在长安大荐福寺圆寂。其以懂梵文，著作极繁，尤以发展了智俨的华严思想，完善了智俨的理论，成为华严宗的实际创立人。弟子颇多，澄观最为出色。

四祖澄观，越州山阴人，今之浙江绍兴人，11 岁出家，广习佛经，尤重华严。尝在五台山大华严寺讲经，誉达京师。公元 796 年，应唐德宗之诏入长安，汉译华严之佛经，得教授和尚之号，并获紫袍。奉命在草堂寺疏义，旋即受召，进宫室为上讲经。上朗然觉悟，赐其清凉国师之号。唐顺宗和唐宪宗也以国师之礼相待。公元 810 年，他有答唐宪宗之问，述华严妙旨。上惬意，赐其僧统清凉国师之号，任国师统，勅有司铸金印。公元 839 年，澄观圆寂。其著作宏丰，不只对佛教，对中国

杜顺灵骨塔

石碑

思想文化，皆有价值。弟子颇多，以宗密最为杰出。

华严宗五祖宗密，果州人，今之四川西充人。公元 807 年，赴京师参加贡举考试，幸逢道圆大师，竟放弃加官晋爵之途，出家修行。偶读澄观篇籍，深感精邃。至公元 812 年，其诣长安，见澄观，昼夜随侍有两年。以后入终南山智炬寺，穷经而作，久不出岩穴。曾经居兴禅寺、草堂寺、丰德寺，迁圭峰山小庙。唐文宗知其高深，诏其进宫室，询其真谛，所答如意，上遂赐紫袍，赐大德之号。公元 846 年，坐化于兴福塔院。其弟子数千百人，可惜俄顷发生法难，佛教受到沉重打击，华严宗也残遭摧残。

唐亡，佛教在长安的灿烂岁月便过去了。不过中国佛教之华严宗，自有其对中国哲学的贡献。理事，体用，总别，是它自觉和广泛运用之范畴，这相当精彩地解释了个别与一般的关系。

华严宗又称贤首宗，因为法藏大师是华严宗实际创立人，他有贤首之号。又称法界宗，因为华严宗的根本教义是法界缘起说，指出一切事物或现象都是佛智慧本体的表现和作用，其相互依存，相互关摄，相互平等，圆融无碍，和谐统一。又称圆明具德宗，因为华严宗把自己的理论判为释迦牟尼教法的最高境界，谓之圆明具德。

华严宗初祖杜顺之圆寂，在公元 640 年，葬少陵原，筑华严寺，起杜顺灵骨塔。宋学者张礼尝游长安城南，读了华严寺的唐碑，说："华严寺贞观中造。"据此推断，唐太宗贞观二十三年，公元 649 年，是华严寺最晚之筑时，唐太宗贞观十四年，公元 640 年，是华严寺最早之筑时。张礼所读唐碑，现在存西安碑林博物馆，其纪录了杜顺的行业。智藏是豫章上高人，今之江西南昌人，13 岁出家，大约在公元 780 年至783 年之间入长安，有一度为华严寺住持，可惜他在此没有一物所留。宋人和明人的笔记可证，当年华严寺有法堂、会圣院、澄襟院、东阁。除起杜顺灵骨塔以外，还有二祖智俨塔、三祖法藏塔、四祖澄观灵骨塔、五祖宗密塔。华严宗的祖庭当在这里，可惜天地大化，岁月剪裁，此庙目前仅存杜顺灵骨塔，在东，澄观灵骨塔，在西。

杜顺澄观灵骨塔

我小时候一再过华严寺到樊川去，塔高塔低，塔大塔小，风铃在响。1992年，华严寺和我的感情是这样的：

> 华严寺伶仃的两座砖塔背负红日默默相对，它们一大一小，一高一低，以衰弱的姿态，抗拒着风雨的浸泡和反复滑坡所带来的威胁。这种情景令我感动，站在那里仰望着，忽然茅塞顿开，一下明朗起来。我踩着乌黑而潮湿土块，艰难地爬到砖塔下面，用手抚摸着唐代的遗产。锈迹斑斑的风铃微弱而鸣，仿佛是宇宙的私语，一种苍凉之感让我辛酸。

恰恰20年之后的一个清晨，我至华严寺，看到杜顺灵骨塔和澄观灵骨塔仍在。此庙似乎还增加了宝殿及其堂阁寮室，然而拘于其墟，皆比较简易。尽管少陵原南坡狭陡，不过久有僧于斯修行，尤以光慧僧可贵，这里增加的设施似乎多是他发愿所为。可惜难禁的掏崖取土，使华严寺的基础一直在缩小。渗水也导致塌方，它迫在眉睫地威胁着两座砖塔的安全。显然意识到了危险，有人正在砌其南坡，以加固此庙的基础。大约是为了防晒，巨大的黑布覆盖着由混凝土弥缝的斜面。不过也有人以垃圾填坑，或偷倒垃圾，遂使华严寺下方一带肮脏不堪。一辆汽车沿华严寺周边的弯道蜿蜒而行，白尘如烟，弥漫半空。一旦风吹，浮灰俱净，遂可见少陵原南坡裸露斑斑，只有某些阴处长着野蒿或野花。我独吟着：国在山河破，形胜草木疲。

附记：至相寺

至相寺也是华严宗的祖庭。其在天子峪，或曰田子峪，或曰梗梓谷，或曰便子谷。所谓终南正脉，结在其中。峰众路曲，不过可以通车。在此庙所见山门，观音殿，地藏殿，钟楼，鼓楼，大雄宝殿，侍寮，云水堂，法堂，或诸僧生活之区，皆是新的建筑，混凝土用得十分娴熟。法堂前一国槐，法堂后一银杏，皆是隋唐之木，经千年风雨，皮老苍苍，

法界宗五祖碑

至相寺大门

枝叶青葱，让人敬仰。

　　有僧在洗衣，其搓毕，提灰袍出水池，持架子撑开，悬挂铁丝上。有三僧从麻袋取白菜，置竹席上晾之。有一个年轻的和尚，两指捏着一只尚未长毛的其喙发黄的死了的麻雀，连连念着："阿弥陀佛，阿弥陀佛。"疾步入林，选一白杨根部，挖土埋葬。

　　当年北周武帝宇文邕禁断佛教，有静蔼僧隐居于斯，之后有普安僧投奔过来，遂引三十余僧相携修行。到隋恢复佛教，僧便纷纷出山，不过有静渊僧不去，随之借势筑至相寺。不久智正僧至此，拜静渊僧为师。华严宗初祖杜顺是否在至相寺住过，难考，但杜顺弟子智俨却是住过至相寺的，并随智正僧修行。智俨在此还有两个弟子：一是法藏，华严宗的实际创立人，一是义湘，新罗人。公元 662 年，义湘到至相寺来，十年以后，返新罗筑浮石寺，成为海东华严宗的初祖。凡此大德，博探佛法，多以华严宗为重。

　　白云过顶，忽闻鸟鸣，循声而望，见有两只喜鹊彼此照应着觅食。发现受人注意，喜鹊遂展翅而飞。至相寺西坡林深如海，多是橡树，蔚然而邃密。

華严寺　华严宗祖庭

33

古槐

银杏

大慈恩寺
法相宗祖庭

大慈恩寺尽极豪华，其周回数里，青石铺地，多植嘉木。南广场隆然而起，朝夕有舞。北广场宏阔宽展，望之茫茫，昼去夜来，一旦到点，便音乐哗然，水撒长天，众相汇聚以欣赏。

进山门，玉兰，石楠，女贞，雪松，画线而植，蔚然呈绿。东钟楼，西鼓楼，尽管是旧物，不过都添了彩，遂仍显辉煌。向北，东有客堂，西有云水堂，皆刚刚建成，灿然争光，彼此映照。再向北，是大雄宝殿，瞻之巍峨。登 11 级汉白玉台阶，又登 11 级汉白玉台阶，便可以款款入宝殿。其屋宇高深，凡栋楹梁角，门窗墙壁，无不明亮如洗。再向北是法堂，其正在整修，木白香沉，瓦灰待覆。法堂东南方是财神殿，西南方是观音殿，颜色浓艳，焕然而立。再向北，是

大慈恩寺南门

大雁塔夜景

大慈恩寺南大院

寺内大堂

寺内一隅

大雁塔，其格调厚重而严谨，以一古抵万今。再向北，是玄奘三藏院，显然是新作的，其漆味竟冲冲刺鼻。

统统走了一遍，足至之处，几乎咸为青石，只在钟楼与鼓楼之间有一块地方铺着老砖，当然，种木种草及养花的地方也还见土。

大慈恩寺是为文德皇后追福而筑的，固然是皇家的庙，壮丽之极，不过它不可能满铺青石，以汉白玉作栏。玄奘遍游西域之刹，返唐以后，除京师的大慈恩寺之外，凡长安的弘福寺，西明寺，坊州的玉华寺，都设有他的佛经汉译场，不过玄奘难以想象，千年之后他曾经工作过的一个地方，竟会如此堂皇。乔达摩·悉达多，大约公元前六世纪的一个印度王子，坚决摒弃了晏安享乐的生活，扔掉了财富，苦坐菩提树下，为众生所谋，终于成佛，然而他也难以想象，千里之外的敬他的一个地方，竟会如此之美！

这里的树还是颇有生气的，十年百年的大树尤其静穆。已经稀罕的皂荚树，庙东一棵，庙西一棵，皮黑皮细，枝俏叶圆，沧桑之态让我肃然起敬。法堂前有两棵侧柏，躯扭体拧，叶发白，别具风骨。东边的砖塔和刻石一带，有银杏，雪松，森然竞高，苍翠翁郁，惟鸟笼悬枝，所囚之禽的叫声若泣若笑，使我惊悚。西边辟园植牡丹，旁有楸树，椿树，并有紫藤缠绕的国槐。

玄奘自印度归来，素居京师长安诸庙，皆设译场，不过他率团队久在大慈恩寺工作。尝几次转移译场，然而大慈恩寺的学问僧多能伴他左右。公元654年，窥基为僧，向玄奘求法，便住大慈恩寺。窥基对佛经注疏释义，见解颇丰，卒成慈恩大师。

大雁塔

大雁塔南广场玄奘塑像

玄奘从印度所取佛经甚众。他的汉译，凡 1335 卷，当然不限于法相宗，但法相宗的创立却是在大慈恩寺译场毕其功的。基于此，大慈恩寺为法相宗的祖庭。

那么什么是法相宗呢？总之，它是探究一切事物的相对真实和绝对真实的。强调无心外之境，万法唯识，也就是唯识宗了。其以玄奘长期在大慈恩寺进行佛经汉译，反复琢磨，日夜推理，法相宗或唯识宗成于斯，遂也为慈恩宗。法相宗之根在印度大乘佛教。

大雁塔是为玄奘藏其佛经和佛像所营造，几经变迁，仍耸黄壤之中，并名重四海。

大慈恩寺院内建筑

附记：兴教寺

在少陵原半坡的兴教寺，以葬有玄奘及其弟子窥基和圆测之灵骨，并起塔纪念，也当是法相宗的祖庭。

护国兴教寺南门

鼓楼

经声佛骑贯三乘

暮鼓晨钟破万籁

唐三藏塔

净业寺
律宗祖庭

水以谷出，路以水行，这样便到了沣峪的净业寺。山门为石壁瓦脊，翼然向天，显得典雅而无俗，庄重而含威，是由张锦秋女士设计的。

我从西安出发，乘汽车走了 55 分钟，遂想当年的道宣法师坐牛车或慢或快大约也会走一天吧！

律宗是由高僧道宣创立的。公元 624 年，就是唐高祖武德七年，道宣法师到终南山来觅一处岩穴研究戒律，徘徊之间，有神指点净业寺呈宝势，并告其在此道当成。我沿着台阶蜿蜒而上，进柳林坪，登凤凰山，遂看到了净业寺的屋脊。

早春二月，终南山的余雪还像盐一样洒在各个角落，风也生硬，好钻裤筒，专冷两腿。不过岩缝崖隙偶尔会有一枝梅红，几

净业寺大门内佛像

根竹绿，尤其黄壤之中的野草在欣然萌动，遂荡漾了一抹生气。城里温度高，玉兰有的都白了，但这里的玉兰却还羞涩含苞，蒙着一些灰绒。净业寺墙外，有一棵国槐足有三搂，枝干皆黑，鹊巢空悬，便疑惑着自问这是什么时候的树，一个僧人喜悦地说："唐代的。"

那天恰逢菩萨的生日，有信徒从西安来，甚至不远千里万里从北京和福建来，敬拜其佛。我还有幸观察了一次皈依仪式。本如法师邀二十一个信徒进入天王殿，分两排站立，合手鞠躬向天王、弥勒和菩萨致礼。忽然磬响钹鸣，梵乐悠扬，住持天空法师飘然而至，先行跪礼，绕场一周，又行跪礼，后依柱静立。其三十岁的样子，身材颀长，神情恬淡，脸一色瓷白，眉二道漆黑，唇似红丹，睛柔似水，确实太俊了，太帅了，是十足

石碑

净业寺 律宗祖庭

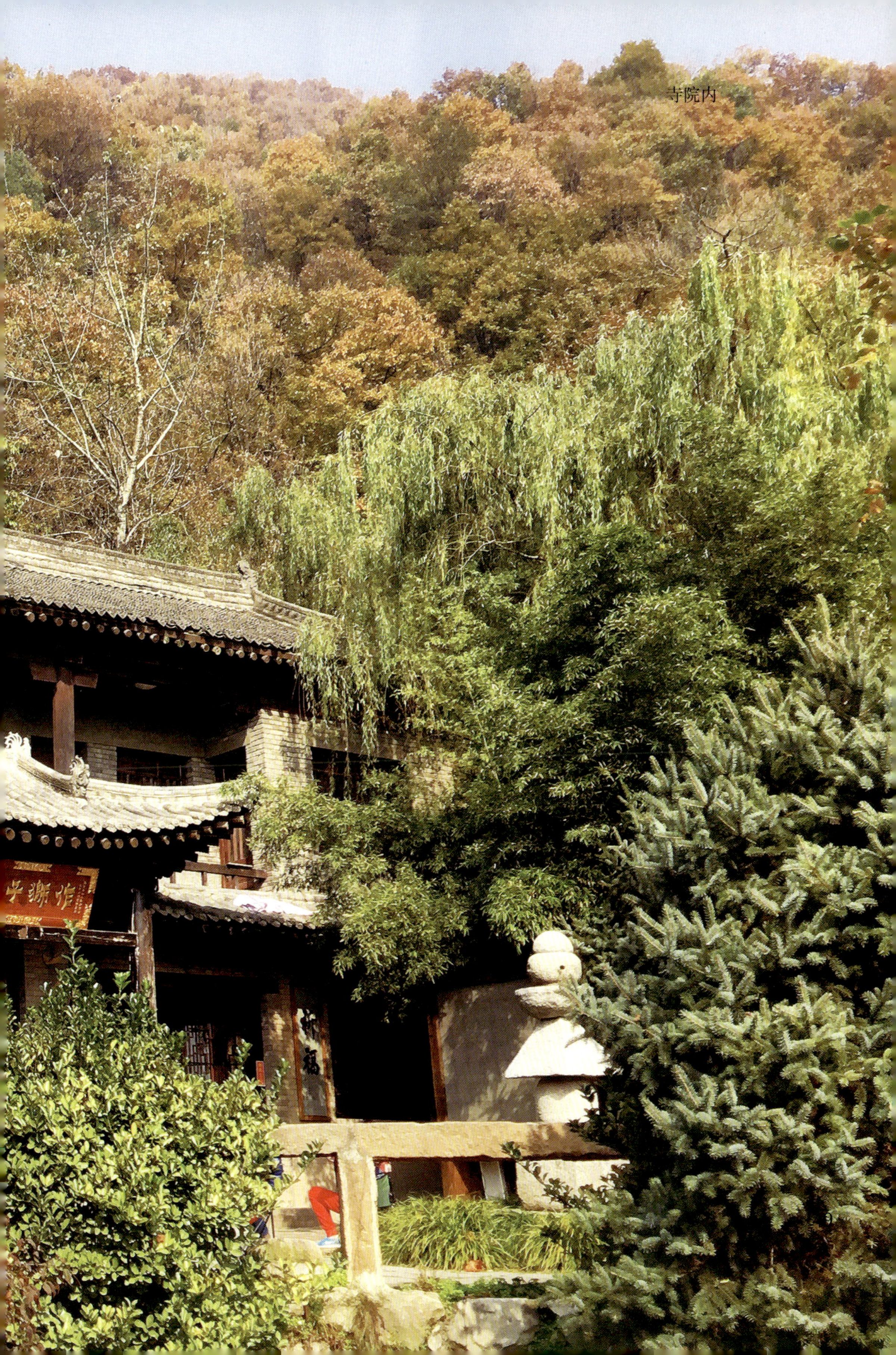

寺院内

的玉树临风，天降美姿。本如法师便让皈依的信徒向佛作跪礼，洒圣水，接着领他们立誓。本如法师说："不杀生。"信徒说："不杀生。"本如法师说："不偷盗。"信徒说："不偷盗。"本如法师说："不邪淫。"信徒说："不邪淫。"本如法师说："不妄语。"信徒说："不妄语。"本如法师说："不饮酒。"信徒说："不饮酒。"我久闻本如之大名，一晤之下，觉得他比我所想象的更是活灵活现。其戴一幅大眼镜，岁在中年，潇洒而不越矩，是完全可以请教的高僧，尽管我不是释迦牟尼的信徒，然而凡智慧，我都渴望。

遵本如法师之示，我随净业寺僧人共进午餐。天空法师独坐主席，其余分两排用饭，有米有馍，菜皆素。用饭之间，无一僧人言语。餐具自己洗，我也随僧人洗了自己的碗筷，感到新鲜。

净业寺攀缘而高，左右延伸，还有别的建筑，包括祖师殿，药师阁，云水寮，门头寮，伽蓝殿，禅堂，客堂，鹤歇处，五观堂，我都没有入

　　　　寺院南门右侧入口　　　　　　　　　　寺院大殿

白玉兰树

寺院大门外山中古槐

内，是想要留下空间，也许以后还可以近之。知珍堂为两层楼房，在它的一根椽上挂了一个鸟笼，有一只鹩鸽其声清脆，乌羽褐喙，是僧人所养，逗之弄之，聪明得竟能交流。在一片萧条的林子里，有白居易衣冠冢，没有人知道其究竟，也没有任何词语纪录白居易与净业寺的关系。

那时候道宣法师在终南山研究律宗，并非止于净业寺，相反，他在沣峪的丰德寺和灵感寺都有活动，或立坛传戒，或秉烛撰律，所以它们都是律宗的祖庭。不过他在净业寺住持得久，又有他的舍利塔矗于斯，僧人遂共识此庙为祖庭。

寺院房顶

广为流布的一个故事非常有趣，也透露了佛教数派相争的消息。道宣法师曾经邀牛头禅寺的遍照法师到净业寺来赴宴，遍照明白道宣意在比较高下，便背了一个牛头前往。道宣以礼迎接，赶紧下厨，遗憾的是柴湿火弱，菜难以做成。遍照催促了道宣以后，就提议吃他所带的一道菜。只见遍照把牛头放到案上，动手且动口，欣然大嚼，饱腹便告辞。道宣在惊诧之间，悄然送行。出了沣峪，有河在流，其潺潺清浅，澄净如练。遍照竟过去执刀破肚，撩水洗肠，神情安之若素。这一切，似乎都显示了遍照的道行。

　　有朋友召唤我注意终南山的气象。远远而望，纵的峰，横的峰，扭曲纠结，仿佛到处都是漩涡。余雪斑斑，突出了连绵的峦嶂的苍黄，然而有阳光的地方毕竟染上了暖色。

寺院大殿

甘露井

香积寺
净土宗祖庭

香积寺距西安南门 18 公里，踞神禾原，临子午谷，峰在视野，潏河与滈河交汇以后汤汤绕其院墙。邃密之境，让我喜欢。

2012 年 5 月 20 日，农历壬辰年四月三十日，小满，我登磊磊台阶，站山门檐下，回头一看，见黄色拉土车轰鸣往来，白尘弥天，欲盖屋脊。台阶之间嵌有刻石，想是为庙增威，可惜刀法粗了，莲失韵，龙无鳞。窃以为此乃机器所雕，毫无人的虔诚。即使手雕，缺乏对佛的感情也难以使刻石充盈生气。我相信心灵便手巧，手巧便具艺术。

进山门向北，是天王殿，东一柏树，一石狮，西一柏树，一石狮。有客烧香，其直身须臾，便屈膝为跪，并连连磕头：一下，两下，三下，四下，五下。向北，庭院空阔，

石碑

香积寺南大门

东西两侧各筑长廊，碑碣多参差，尽为佛颂。向北，东一钟楼，西一鼓楼，周围植柏，松，棕榈，还有柽柳，女贞。微微泛黄的草坪上有经幢，碑，碣，舍利塔，皆矗然陈列，遂生旷远。向北，东客堂，西祖师殿，阳光照射，有三僧在盘恒。向北，是大雄宝殿，凡台阶并檐下，悉铺红毯，门，窗，栋，楹，咸披红绸，顿觉这里一定将有喜庆之事，然而大雄宝殿里无一客，也无一僧。悄然而望，金碧闪烁之中，供奉着阿弥陀佛接引站像，善导大师坐像，神秘，神圣，肃然一片。

入圆形西门，有客进出，诸僧或穿黄袍，或穿灰袍，有的独思，有的私语，其颜色无不自得。问僧："香积寺有什么喜庆的事吧！"僧说："这里的住持本昌要任方丈了，正准备举行一个仪式。"难怪要铺红毯，披红绸，并给这里的银杏和杜仲之类嘉木都缠以黄缎。走尽甬道，便是一尊巍然而立的久经风雨剥蚀的善导大师供养塔。我数了数，11层，显然有断顶。问僧："供养塔究竟多少层呢？"僧说："你数多少层就是多少层。"颇感迷惑，遂存其疑，继续游我的魂。这时候有三僧齐头并肩走过去，向供养塔上香叩首，之后席地坐松下。

我不拜佛，然而尊重佛文化。我曾经数至香积寺，其印象尤以1992年冬日为深刻：

我到香积寺的时候，刚刚开始下雪，庙里的路由灰变白。暮色之中，数僧独来独往，或扫地，或打水，都低着头，默默看着脚下的雪。所有的草木一律枯萎，雪落在干硬而垂落的叶子上一片沙沙之声。在一间禅房的檐下，晾着黄色的法衣，一层晶莹的冰屑将它绷直了，似乎一点也没有布帛的柔和与飘逸。斑鸠在房顶上悄悄地蹦蹦跳跳，不发一声。整个庙里惟有木鱼在响，它是从一间关门闭窗的禅房传出来的清音。木鱼急骤如雨，轻快如舞，在零星飘浮的雪中，我能朦胧感到它所带出的一种兴奋。侧耳而闻，难解其味。

弥勒佛

法堂

香积古刹

石碑

香积寺 净土宗祖庭

59

善导大师灵骨塔

在印度宗教史上，关于净土的观念渊源颇深。不过到公元前 12 世纪，随佛教之大乘的酝酿，净土思想才形成了体系。何为净土宗呢？佛教著作指出，众生所居，又烦恼又肮脏，谓之秽土或秽国。不过有佛教认为，还存在着一个西方极乐世界，由阿弥陀佛所主导，谓之净土或净国。在这里，法音微妙，饮食丰富，精舍相连，玉树参差，并尽饰七宝。阿弥陀佛一直于斯进行教化，所以在此之人无不品洁智足，貌端容光，没有什么痛苦。净土净国，广袤无涯。人通过一定的修行，是可以往西方极乐世界去的。如是佛教之派，便是净土宗。

至迟公元 3 世纪之前，印度佛教的净土观念便在中国传播了。到南北朝，公元 5 世纪以后，净土思想已经比较完整地流布中国。慧远大师曾经在庐山设坛作庙，感召诸僧，结成白莲社，钻研净土法门，以期共赴西方极乐世界。基于这种精神活动，净土宗也谓之莲宗，慧远大师所修行的东林寺，也就是中国佛教净土宗的发源。可惜慧远大师圆寂之后，净土信仰渐渐沉寂了。

经过南北朝的昙鸾大师的净土信仰实践，隋的道绰大师的净土信仰

塔楼

洞大和尚行业碑

钟楼

寺院内银杏树

实践，终于发展到唐，有善导其人，虽然年轻，胸存远志，并久攻佛教经典。一旦接触净业著作，遂怦然而动，欣然贯顶。于是他就遍觅高僧，以请教净业思想的精髓。善导卒在并州，今之山西太原一带石壁山，拜道绰大师，孜孜以求，从而得净业之奥义。公元645年，善导自玄中寺到长安来，先居终南山悟真寺潜默修行，以体验阿弥陀佛的盛意，之后居光明寺，大慈恩寺，致力于净土信仰的弘扬。长安之僧纷纷参加他的道场，读他的书。知其修行之深，唐太宗对他颇为敬重，唐高宗也很推崇他。善导30年远避名利，固守素朴，受化之人甚众。晚年居实际寺，公元681年，圆寂于斯。

石碑

善导的弟子怀恽，哀伤绵绵，思念悠悠，遂携诸僧在神禾原起灵塔，依灵塔筑香积寺。当年此庙之殿崇，之堂广，极尽峥嵘。资料显示，善导供养塔初为13层，夜观星云，以明天象，此为绝胜之地。断顶之后，存11层，高33米。以善导大师净土思想之大成及其净土信仰实践，净土宗当然属于他所创立，香积寺当然就是净土宗的祖庭。

公元12世纪，日本有僧法然，在其所居岛上创立日本净土宗，不

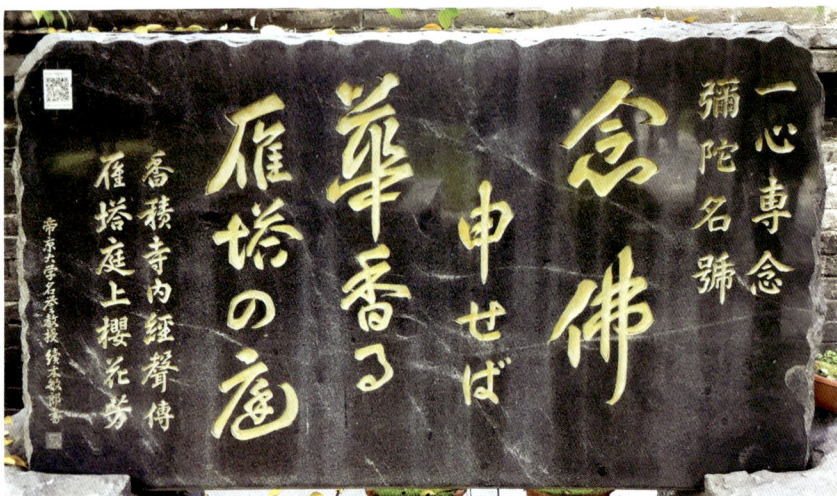

石碑

过他的理论取之于善导大师，遂奉善导为高祖，认香积寺为祖庭。香积寺之影响，以此足证。

我当回家了。日暮霞涣，鸟倦花敛，我怡然出香积寺山门，循大道而返。

附记：悟真寺与实际寺

蓝田县境，终南山有悟真寺。隋唐之际，诸僧包括善导大师，曾经在此修行净业法门，悟真寺也应该属于净土宗的祖庭。唐诗人好游此庙，读唐诗，可知来者非一，李白、钱起、卢纶、白居易，似乎都尝登临。今之悟真寺分上寺和下寺，其相距大约2公里。下悟真寺的水陆殿，就是现在的水陆庵。实际寺在今之西北大学太白校区，善导大师于斯逝世，那么实际寺也应该是净土宗的祖庭。

水陆庵大佛像

水陆庵泥塑像

悟真寺简介碑

贾平凹游悟真寺纪念碑

悟真寺上寺大门

大兴善寺
密宗祖庭

　　过大兴善寺，见黄线围墙示戒，有挖掘机推房子，很是诧异。一个戴安全帽的人昂然指挥，便走上去问："怎么拆庙呢？"他注目向我，转瞬便说："领导让拆就拆。"问："庙是神居的地方，不可随便拆吧！"他说："老虎的屁股也敢摸，庙算什么。"知道这是一个信仰唯物主义的人，遂敬而远之。

　　恐大兴善寺有变，便从菩提门入内，缓缓而览，徙倚至昏。

文物

大兴善寺大门

　　隋的将作大匠宇文恺设计大兴城,其所选龙首原斜面恰有土冈六条,横贯东西。以易理,此六条土冈自北向南依次为九一、九二、九三、九四、九五、九六,象乾卦六爻。处九二的土冈宜置宫室,帝王居之;处九三的土冈,宜置百司衙署,以应君子之数;处九五的土冈,属于飞龙,是贵位,遂以朱雀大街为轴线,东筑大兴善寺,面积占满靖善坊,西筑玄都观,面积占满崇业坊,以镇帝王之都。

　　还好,大兴善寺保留下来了,虽然落在小寨商业圈里,周围全是高楼大厦,车流淤塞,人流涡旋,根本看不出土冈之势,不过毕竟其庙在。遗憾的是玄都观早就湮没了,甚至连一块砖也未保留下来。

　　大兴善寺为隋文帝所支持才得以作,显然它属于国有。在唐,也是皇家寺院。唐长安当时是佛教的圣地,有三大佛经汉译场,大兴善寺是最早的,别的译场在大慈恩寺和大荐福寺。公元 626 年,印度高僧波颇到长安来,便住大兴善寺。至公元 629 年,波颇开始佛经汉译。波颇任

不空舍利塔

殿 寶

光大法門

大雄宝殿

大殿内佛像

主译，有 19 位学问僧为其助手。唐政府大臣房玄龄、杜正伦和李孝恭负责定稿，太府卿萧璟担纲总监护，足见此乃盛事。

公元 713 年至公元 741 年，是唐玄宗开元时期，此间有三大士：善无畏，金刚智，不空，在长安弘扬密宗。

善无畏是东印度人，深谙密宗法理。他至长安，在公元 716 年，已经 79 岁。兴福寺，西明寺，大兴善寺，他都住过，并孜孜于佛经汉译，遂享国师之礼。

金刚智是南印度人，至长安是公元 720 年。其大有功夫，佛经汉译 10 部余，23 卷，尽含密宗之精髓。

不空是北印度人或狮子国人，金刚智弟子，陪师至长安，对密宗思想多有研究和体验。其为僧之高者和通者，是非常特殊的人。遵唐玄宗之示，他居大兴善寺，汉译密宗的经典。安史之乱暴发，不空心系唐皇

74

帝，遣使者向唐玄宗通报情况，提出建议。唐肃宗即皇帝位，他也继续递讯。唐政府收复长安以后，不空深受唐肃宗敬重，诏他进宫室，行灌顶之法。当是时也，大兴善寺佛经荟萃，皆由不空主译。公元763年，不空上表唐代宗请求以大兴善寺作国修灌顶道场，获上批准。此庙遂大德云集，香火升腾。若逢吉日，不空便作灌顶。上十分景仰不空，授他特进鸿胪卿，号曰大广智三藏。再封不空为肃国公，食邑3000户。公元774年，不空在大兴善寺圆寂，唐代宗伤感，竟辍朝三日。大师的火葬仪式在少陵原举行，旋即在大兴善寺起不空舍利塔，谥曰大辩正广智不空三藏和尚。

除此三大士之外，一行对密宗著作的汉译也大有贡献。他或是昌乐人，今之河南南乐人，或是巨鹿人，今之河北巨鹿人，待考。一行为天文学家，才茂识博，唐玄宗遂强征至长安，安排其住光天殿，以询治国安民之道。一行尝随善无畏和金刚智学习密宗，协助其汉译，传播密宗甚为给力，作用也非凡。

密宗有很强的实践性，必须师徒相传，并具谨严的修行步骤，颇为神秘。即身成佛，是密宗修行的目的。密宗认为，不一定要经过累世修行，今生便能成佛。这真是拨云见日，豁然开朗，让

殿内佛像

大雄宝殿内挂着习近平与佛教
人士合影照片

观音大士殿

人看到了希望。

唐玄宗开元时期三大士所创立的密宗，尤其是不空在大兴善寺的汉译工作，不惟把密宗经典的汉译推向最后一个高潮，也使密宗成为当时中国佛教最火的一脉。显然，大兴善寺是密宗的祖庭。

我所看到的大兴善寺，是 2012 年的大兴善寺，霞光徐落，长天澄明。天王殿很是宏伟，也很是辉煌。我进其东门，出其西门，接着阅平安地藏殿，览救苦地藏殿，仰望钟楼，高瞻鼓楼，便向大雄宝殿，以观僧之晚课。敲钟振鼓，有僧匆匆，当然也有僧姗姗，来迟的要对佛像补礼，加礼，之后入列。诸僧皆穿紫色袈裟，相当于官员的正装吧，其面佛像而跪，出声诵经。乐器有三，木鱼、铃、磬，分别打击，同音为穆。氛围严正，应该有助于摒除邪念。当此之际，有一家三口入大雄宝殿，五体投地，叩首作揖，掏钱捐款，以求观音菩萨的保佑，神情颇为虔诚。有一僧领读，其他十八僧跟读，终于乐器剧响，由读而唱，晚课结束。离开大雄宝殿，我绕观音大士殿一周，赴大兴善寺的深处诣法堂。法堂坐北朝南，以坡势顿起，有高高在上之感。

殿内佛像

金刚

西方阿弥陀佛

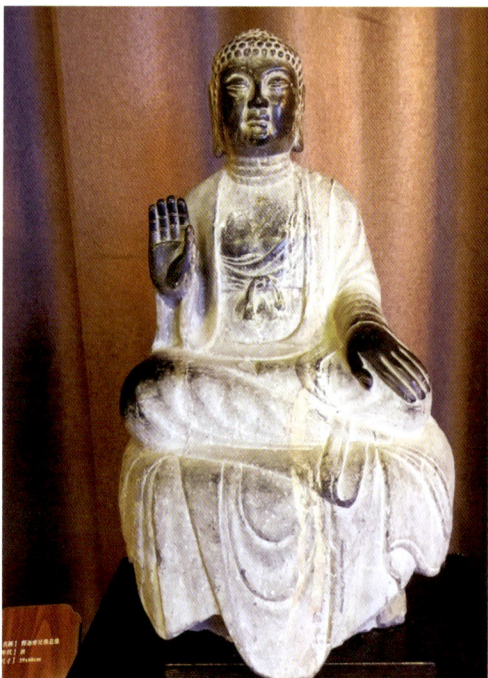

早期寺内佛像

我在 20 世纪 80 年代及 90 年代，多有大兴善寺之游，留下的印象是地旷木苍，黄壤透幽。现在这里仍有老树，天王殿以北，柏坚松峻，钟楼旁，大雄宝殿旁，国槐皆壮，非合四臂不可搂。尤其是在观音大士殿与法堂之间，有柏八九棵，松十余棵，皆干扭皮裂，枝勾叶连，森然一片林荫。

大兴善寺历史悠久，遂灵异自显。当年有一个和尚素，所居庭院植四桐，逢夏日便渗汁滴液，沾衣难洗。一个姓郑的官员赴庙，桐竟染其衣，郑不悦，建议素用松取代桐。晚上，素告四桐曰："我种汝三十余年，汝以汗为人所恶，来岁若复有汗，我必薪之。"自此四桐遂不渗其汁，不滴其液，足见素的修行之深。当年不空舍利塔前多巨松，一旦天旱，官员就折其枝，做龙骨以祈雨，辄降甘露。可惜我在不空舍利塔前未见什么松，然而我不疑古者之言。现在有科学技术了，通过飞机喷药的方式便能促云为雨。谁有效呢？不可知。

大约在公元 265 年，有僧在汉长安城之南筑遵善寺以修行，也竟躲过了北周武帝对佛教的禁毁。隋

寺内文物

文帝执政，推崇佛教，营造了大兴善寺。其所选地址便是遵善寺的旧址，不过由于是国有，它的规模甚大。隋文帝曾经为大兴郡公，从而筑大兴城，作大兴善寺，当是顺理成章了。

唐对隋多有继承，大兴善寺遂能香火绵延。不过经唐高祖、唐太宗、唐高宗和周武则天，到唐中宗执政，竟一度易之为鄷国寺。至唐睿宗，又恢复其为大兴善寺，终于至唐玄宗，得三大士的琢磨提炼，密宗而兴。经唐肃宗，到唐代宗，其璨然为盛。唐灭，长安不为国都，大兴善寺香火渐衰，不过其庙久存。

五代十国，宋，元，大兴善寺罕见高僧。至明，有云峰禅师居之，德满禅师居之，至清，有云峨禅师居之，不过他们皆持禅宗。到了中华民国，大兴善寺遂处抱残守缺状。1924 年，康有为到西安来，视其破损，唏嘘不已。然而佛教毕竟是中国文化的一流，遂有朱子桥于 1939 年，奔走筹资，以期修缮。太虚大师也于 1945 年，在此建世界佛学苑

寺院一隅

巴利学院，一瞬引万目关注，遗憾到 1949 年便停办了。

这里所藏一部巴利文佛教著作，十分珍贵，可惜其在 1966 年不得不送造纸厂火化。时极而转，十年以后，乾坤有旋，大兴善寺便又传诵经之声。1984 年，慧雨法师住大兴善寺，至 1996 年，再兴密宗之灌顶。

经了解我才知道，挖掘机拆庙只是为了改造。要建一个地下停车场或古玩店，这样，大兴善寺临街的部分栋宇，便必须拿出来。当年宇文恺认为这里贵位，人不可居，遂置以佛教和道教之神而镇之。大兴善寺山门之上有题额曰五冈唐镇，便是证明。今之人掏空庙之基，以作地下停车场或古玩店，也确实是敢想敢干！

附记：青龙寺

乐游原上的青龙寺，以惠果大师精求密宗，也属于密宗的祖庭。公元 805 年，日本学问僧空海景仰惠果，至此随之修行，学成以后，返岛上推广密宗，为弘法大师。由于青龙寺完全毁弃，没有任何标志，于是日本学者足立喜六，日本之僧和田辨瑞及加地哲定，还有 20 世纪 30 年代在陕西赈灾的朱子桥，就以讹传讹，误以为祭台村的石佛寺为青龙寺，并有纪念活动。非也！ 1973 年，经中国社会科学院考古研究所西安工作队勘察，确立了青龙寺在乐游原上的地址，谬惑遂解。1984 年青龙寺得以恢复。

青龙寺遗址博物馆

空海纪念碑

大兴善寺 密宗祖庭

寺内文物

寺内文物

寺内文物

大秦寺
基督教的传播

在基督教传播史上，有一通刻石贵为文献，藏于西安碑林博物馆。它就是：大秦景教流行中国碑。

1907 年 6 月的一天，丹麦探险家阿尔谟悄然进入西安。他左问右探，出安定门，终于找到了一家破落的金胜寺。有僧玉秀在此作住持，他接待了阿尔谟。寒暄以后，略有交流，阿尔谟便让玉秀带他看刻石。

碑头

一见大秦景教流行中国碑，阿尔谟不禁兴奋。他居西安二十余日，唯一的主题是此刻石。他拍照，又测量，发现其高 2.36 米，宽 0.86 米，厚 0.25 米。他估算它的重量，又绘制以图。他抚摩碑额上的十字架，又辩识碑底和碑侧的叙利亚文。他自头至尾，细数其字，计有 1780 个。

他早就知道此刻石载有景教的教旨、教义和仪轨，载有它在中国的传播及唐对这种传播的支持，还载有 77 位景教徒的名职及拜占庭一带的山川河流与物产。现在，他见证了这一切都是对的。

阿尔谟与玉秀建立了亲密的关系，不过一旦提出欲购此刻石并运离金胜寺，玉秀便甚为警觉，也拒绝了他。阿尔谟到中国来，就是要得此刻石，带至欧洲。不能买，遂打算以刻石为原型，仿制一通。经翻译方贤昌帮助，觅得一位石匠，阿尔谟承诺付费 150 两银子，由其仿制，标准是同质、同大、同重。订立了协议，阿尔谟便越秦岭，过丹江，沿汉江考察。他指派翻译方贤昌负责采料并监督仿制。

方药雨是天津的收藏家，其弟就是阿尔谟的翻译方贤昌。方药雨闻讯丹麦人觊觎大秦景教流行中国碑，不成退而在仿制，遂向北京的金石学家罗振玉作了通报。罗知道事大，立即汇报学部，请求清政府妥善处理。

这年 9 月，阿尔谟又返西安。他验收了仿制的作品，比较满意，办了手续，准备以车运离。当是时也，清政府有了意见。陕西巡抚曹鸿勋便令移大秦景教流行中国碑至碑林，珍而藏之。仿制的刻石，阿尔谟要带走就带走吧！

阿尔谟之举，显然有其深远的渊源，也有其现实的思想。我愿意略作一考。

根在叙利亚人聂斯脱利。

他信仰上帝，曾经在安提阿修道院学习，并为执事。自公元 428 年至公元 431 年，他任君士坦丁堡牧首。这一带包括今之土耳其和叙利亚，那个时候属于罗马，公元 1 世纪的中国人谓之大秦。在神学上，有安提阿学派与亚历山大学派之争。聂斯脱利深受安提阿学派的影响，反对亚历山大学派的三神论倾向。他认为应该分开基督的神性与人性，主张基

大秦景教流行中国碑

拓片

督是神性与人性的结合，既是神，又是人。

他的观点受到亚历山大学派的猛烈抨击。以弗所会议由拜占庭皇帝狄奥多西斯二世主持，定聂斯脱利的认识是异端，并革去他的牧首之职。罗马教皇逐他离境，大约公元451年客死于埃及。聂斯脱利大约是公元386年出生的。

身虽死，但聂斯脱利的追随者却很多。他们经常在叙利亚活动，并宣扬聂斯脱利的理念。到公元498年，终于在这里形成了一个以聂斯脱利主张为模式的独立的基督教组织。追随者怀有雄心，逾葱岭，到中国来布道。

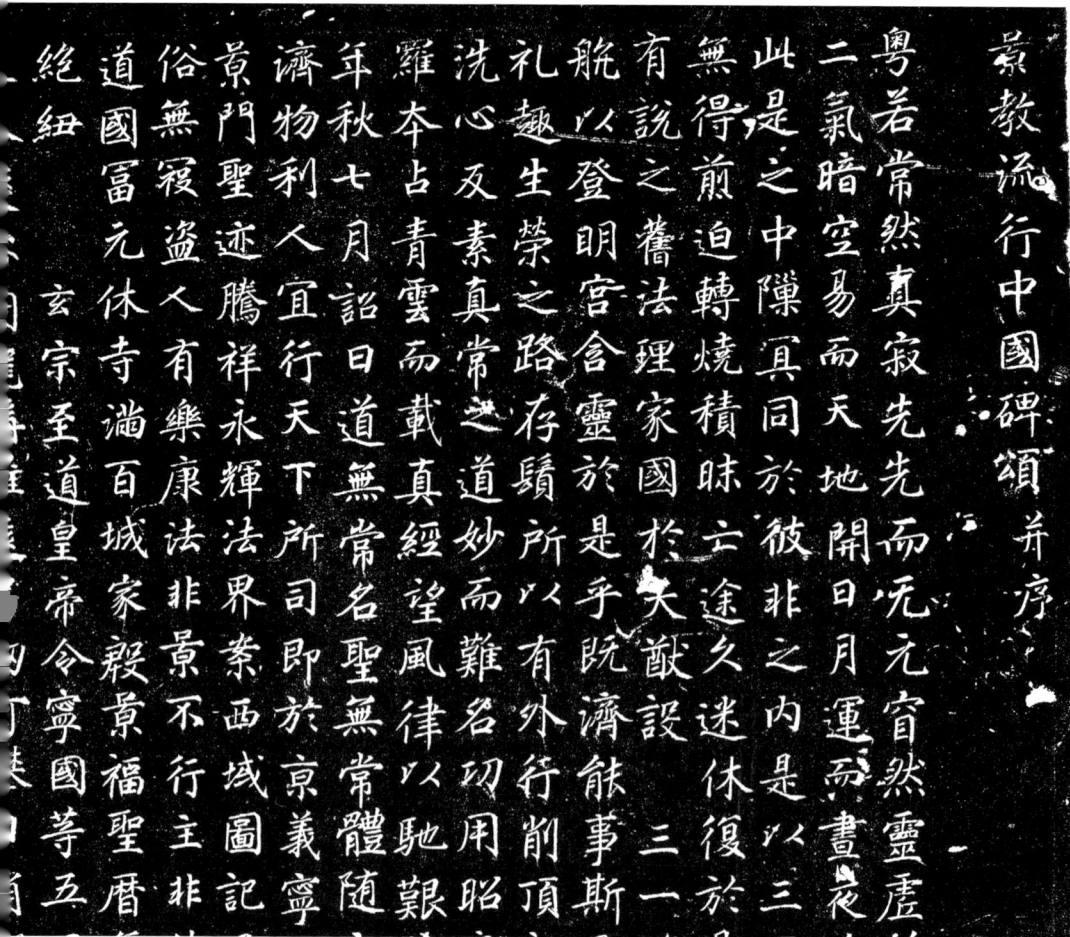

拓片局部

公元 635 年，大秦人阿罗本发踪波斯，经西域，到长安来了。受唐太宗的安排，宰相房玄龄出开远门欢迎了他。因为有仪仗队，气氛是隆重的。然而冯承钧认为，唐不可能如此欢迎阿罗本。冯推测，这一年于阗王子至长安，也许阿罗本随之而至，才获重礼的。

阿罗本颇受唐太宗优遇，同意他汉译圣经。研究了阿罗本所要传播的宗教之后，唐太宗欣然指出："济物利人，宜行天下。"他评价阿罗本是大秦之上德，并批准在义宁坊建一座波斯寺，以供阿罗本和其他教士活动。事在公元 638 年。唐太宗对景教的支持，是一个好的开端，难得至极。

实际上阿罗本所布之道，就是基督教的聂斯脱利派的教旨和教义，其在中国谓之景教。景教是什么意思呢？李之藻曰："景者，大也，照也，光明也。"所以景教就是正大光明之教。其名虽壮，可惜大秦寺营造之初也只有 21 位教士。

唐高宗也很支持景教，同意诸州置波斯寺。在此时代景教呈现的状态是：法流十道，寺满百城。数虽有虚，发展是实。唐高宗以阿罗本为镇国大法主，甚是推崇。

看起来唐玄宗对景教已经不仅仅是支持，而且投注了一种特别的感情。他要诸王至景教徒活动场所，进行体验。他遣高力士送诸圣画像悬于大秦寺，并赐绢百匹。他似乎还设了神坛，不过又挂有黄帝之画像。大约公元 744 年，有景教徒佶和，自大秦至长安，唐玄宗很高兴，遂邀佶和往兴庆宫去修功德。这一次修功德的共计 18 教士，应该是精选的吧！一年以后，公元 745 年，唐玄宗令改波斯寺为大秦寺，其曰："波斯经教，出自大秦，传习而来，久行中国。爰初建寺，因以为名。将欲示人，必修其本。其两京波斯寺宜改为大秦寺。天下诸府郡者亦准此。"

显然，大秦寺是皇帝所命，其规格属于国家一级的。长安的大秦寺在义宁坊，洛阳的大秦寺在修善坊。

唐代宗颇有意思，圣诞之际，他会赐天香以示祝贺，并颁御馔，以光美景教徒。

89

完全可以推断，景教徒的活动无违中国之俗，是守法的，甚至景教徒与唐政府有很得意的合作。景教徒伊斯就参加过平安史之乱的战斗，当时他在郭子仪的队伍里。此事是非常有趣的。

唐德宗如何支持景教呢？资料几无，不过他绝对没有反对和压制，证据是，在他任上，出现了一通伟大的刻石：大秦景教流行中国碑。事在公元 781 年。碑立大秦寺，就是当年唐太宗同意阿罗本和其他教士活动的波斯寺。昔有教士 21 人，此阶段大约有教士 300 余人，一时壮矣！

至公元 845 年，距阿罗本持圣经进入长安整整 210 年，景教发展到怎样的程度呢？当有多少景教徒呢？不得而知。真实的纪录是，这一年，唐武宗毁佛，景教也遭难。大秦景教流行中国碑一旦入土，遂埋没无闻。

五代、宋、元三朝，无人看到此刻石。它匿身黑暗的世界，也是等待自己复活的时候吧！

明熹宗天启年间，大秦景教流行中国碑在长安的黄壤之中沉睡近乎千年，骤然出土于西安。时间不定，或曰天启三年，公元 1623 年，或曰天启五年，公元 1625 年。地点也不定，或曰唐长安城崇德坊之崇圣寺，或曰唐长安城西南方向的周至县，或曰沿终南山从今之长安区至今之周至县之间。

还有人认为此刻石出土于金胜寺。金胜寺源流复杂，它初为隋之济度寺，唐太宗准造波斯寺，唐高宗改为灵宝寺，之后讹称崇圣寺。明秦王题之崇仁寺，毕沅又题之崇圣寺。唐之时，这里的波斯寺旁边有金胜寺和金胜铺，遂有俗呼金胜寺之事。金胜寺遗址尚在，出西安安定门，行至丰镐东路，这里有一处部队家属院，金胜寺遗址所存焉。

总之，大秦景教流行中国碑出土西安之际，是没有人重视的，否则方志能不纳吗？骚客能不咏吗？轻视是由于不知道它的价值，所以它也就没有确切的出土时间与地点。

它的出土倒是在欧洲引起了巨大的反响。它先以新闻在欧洲劲传，接着是学术热浪。当然，对它兴趣最强烈的是在中国的耶稣会士，也是他们以最快的速度介绍并研究此刻石的。葡萄牙耶稣会士阳玛诺在 1644

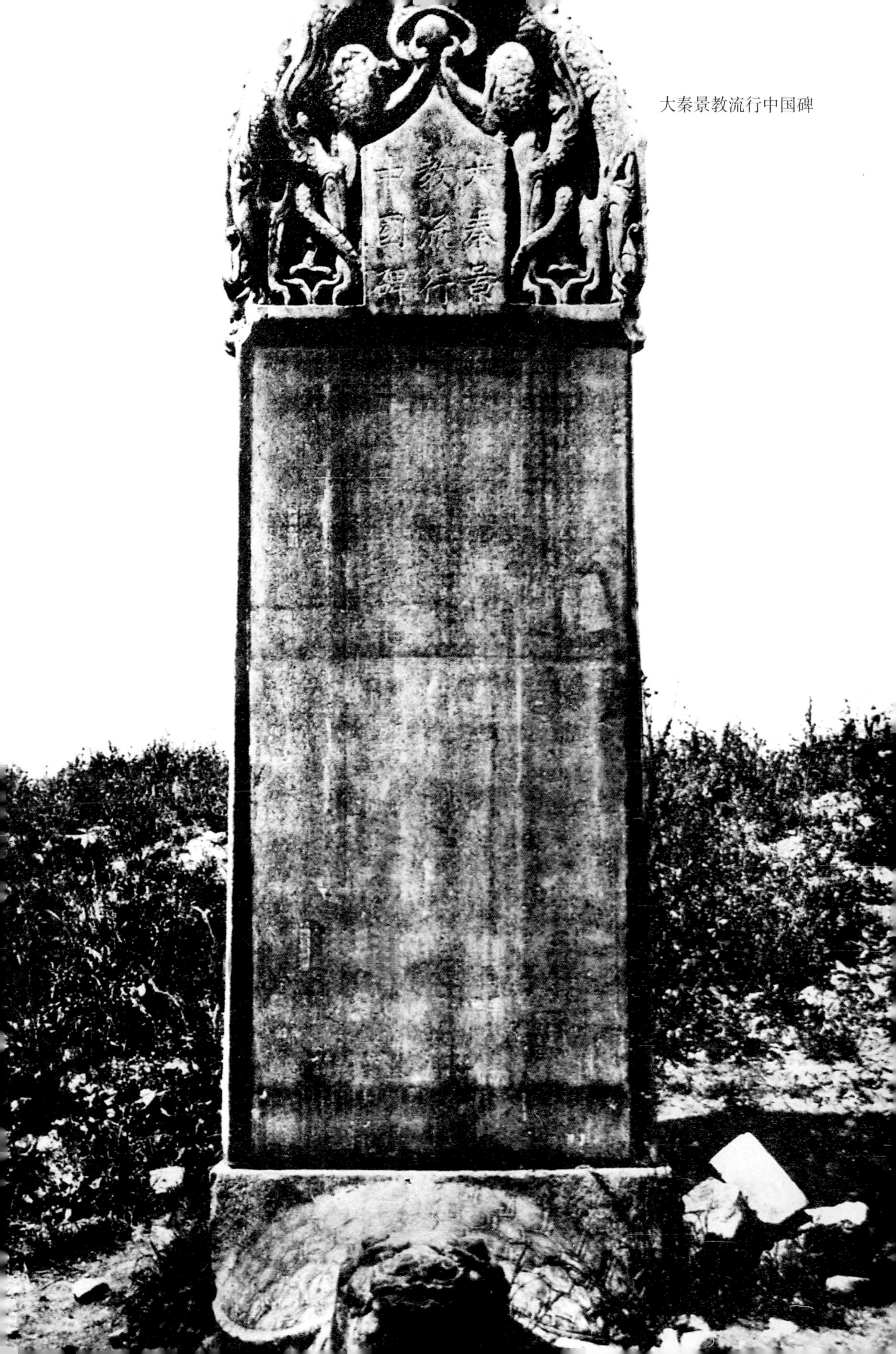

大秦景教流行中国碑

年就有著作出版，对景教之教旨和教义进行诠释。然而法国学术界对此刻石表示怀疑，认为是传教士在作假。

19 世纪以来，欧洲学术界对大秦景教流行中国碑的研究渐渐深入。法国传教士古伯察、英国传教士卫礼和理雅各的著作皆具厚度，尤以法国传教士夏鸣雷之著作甚为丰富，其有集纪录、介绍和研究大成之感。

20 世纪以来，欧洲对大秦景教流行中国碑的研究继续深入，突出的是英国人穆尔和翟里斯，还有法国人伯希和。他们多是汉学家。伯希和认为此刻石出土地点是金胜寺。

欧洲之外，美国传教士卫韪良、日本学者中村正直、藤田精一、桑原骘藏和足立喜六，也都对此刻石有所专论。足立喜六为大秦景教流行中国碑所拍之照片，已经成为珍贵的资料。

在中国，有三种人对刻石的出土反应敏感：一种是李之藻和徐光启之类，属于基督徒，从上帝信仰的角度予以解读。一种是顾炎武之类，包括王昶、叶奕苞、林侗和毕沅，其角度在金石学。顾炎武指出，大秦景教流行中国碑，是景教徒景净所撰，唐大臣吕秀岩所书。他也认为此刻石出土地点是金胜寺。一种是魏源、石韫玉和梁廷枏之类，属于清儒，或出言谨慎，或语焉不详，所抱立场偏于正统。然而从洪钧开始便得理性而开明。洪钧定位景教是基督教的聂斯脱利派，起码他接受了此观点。

大秦景教流行中国碑让欧洲人产生兴趣的主要原因是，此刻石使他们看到了基督教在中国传播的发生、经过和成果。这也是美国人对此刻石产生兴趣的主要原因。于是，既然基督教是欧洲文化的支柱，此刻石就应该移至欧洲。不排除美国人也同意这种观点。

丹麦探险家阿尔谟受如是思想驱动，到西安来搬迁大秦景教流行中国碑了。一计无果，二计遂生，从而以原型仿制一通，也会有象征意义。事就这样成了。

1907 年 10 月 3 日，仿制的大秦景教流行中国碑出西安，走黄河，至郑州，又从汉口到上海，于斯乘美孚石油公司之船而去，在纽约逗留一度，奔意大利。1919 年，藏罗马教廷博物馆。

祆祠
拜火教的兴衰

　　凡是信仰拜火教的人，一般都进祆祠活动。唐长安起码有五座祆祠，足见拜火教之盛。拜火教就是祆教，也就是火祆教或火教。名多而实一，由波斯人琐罗亚斯德创立，所以拜火教也就是琐罗亚斯德教。

　　唐长安的五座祆祠，一在布政坊西南隅，谓之胡祆祠，建于公元621年，萨宝府官及祀官皆于斯办公，一在醴泉坊街南之东侧，谓之波斯胡寺，一在普宁坊西北隅，一在靖恭坊街南之西侧，一在崇化坊。千

年之后，唐长安早就变成了西安市，各坊尽毁，取而代之的是高楼大厦、奔流的汽车和漂浮的雾霾。我走东走西，一点也感觉不到唐长安的味道，何况什么祆祠的影子。

琐罗亚斯德大约出生于公元前628年，长大了当祭司。宗教发展的一般模式是初敬众神，再敬主神，再敬一神。琐罗亚斯德改革了宗教，认为阿胡拉·玛兹达是最高的神，属于智慧之神。当然他认为还有一个安格拉·曼纽，是专事破坏的神，属于凶残之神。此二神彼此对立，相互斗争，构成二元，于是世界就分为善与恶，真与妄，光明与黑暗。在此两端之中，人具自由意志，可以自由选择，并决定命运。不过人死了会有一个由琐罗亚斯德主持的审判，凡存善念，操善言，持善行，以抗恶的人，能够进入快乐之境。

琐罗亚斯德的主张受到波斯其他祭司和衮衮权贵的抵制，又以遭遇迫害，便离波斯而去。到了巴克特里亚，就是司马迁所指的大夏，也就是今之阿富汗一带，他获得了忠实的崇敬者与追随者。巴克特里亚的国王、王后和大臣，皆信仰琐罗亚斯德创立的拜火教。之后返传波斯，大受欢迎。琐罗亚斯德大约死于公元前551年。

琐罗亚斯德教在波斯的地位呈起伏之势。大约公元前550年至公元前330年，在阿契美尼德王朝，为波斯国教。大约公元前330年至公元前141年，亚历山大征服波斯，波斯遂希腊化，其影响骤减。大约公元前141年至公元224年，有帕提亚王朝，又得到了恢复。大约公元224年至公元651年，萨珊王朝，再作国教，甚为强劲。大约从公元7世纪以后，大食征服波斯，其猝然衰落。

祆教以火为最高神的象征，并通过火向最高神表达其尊。考古显示，很多信仰祆教的人，其墓中的壁画和砖雕，皆有火之燃烧。

祆教渐渐从波斯流行西域，又渐渐流行中国。这有波斯人的传播，也有栗特人的传播。栗特人生活在阿姆河一带，当丝绸之路交点，耕作放牧，皆有丰收，然而更擅经商。丝绸之路上的贸易，栗特人是重要的推动者和承担者。一旦他们信仰了祆教，他们走到何处就会把祆教传播

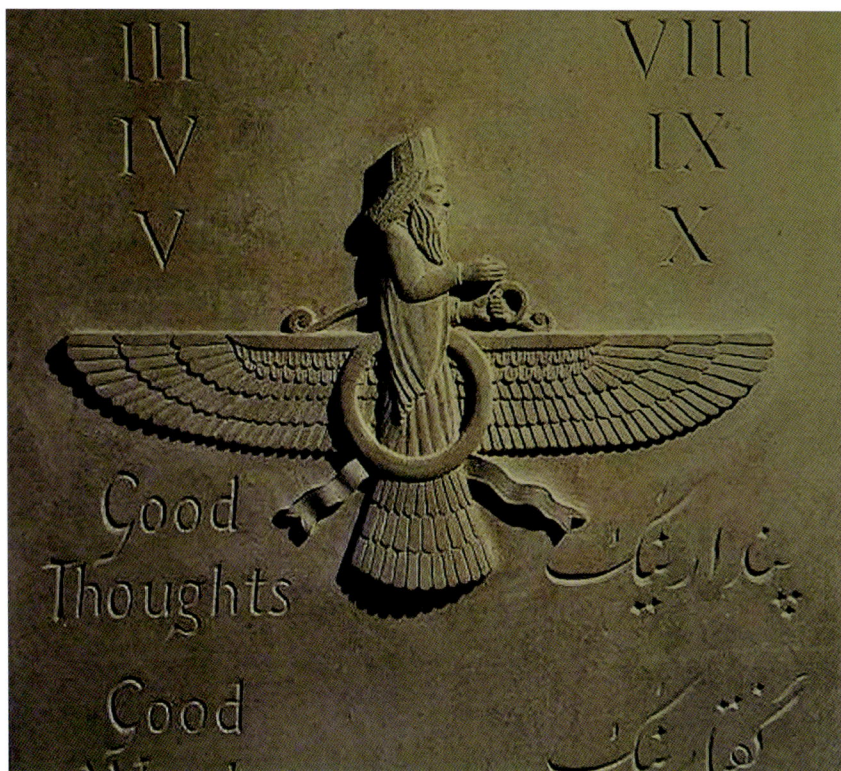

至何处。大约从南北朝起，祆教便流行中国。它受北魏、北齐和北周皇家与权贵的信仰，尤其有助于它在中国的立足和扎根。

唐长安更开放，更宽容，波斯人和粟特人蜂拥于斯，从事各种贸易，不亦乐乎！唐长安遂有了数座祆祠，以满足他们的精神需要。所谓的昭武九姓，实际上多是粟特人。除了唐长安有祆祠，洛阳、洪州、扬州和广州也都建有祆祠，以供波斯人和粟特人之用。

醴泉坊街南之东侧的波斯胡寺颇有份量，因为它是应波斯王子上奏所置的。在唐高宗初立之际，有波斯王伊嗣俟曾经派使者送一兽，十分灵巧，会入穴取鼠。不过唐史专家未明指此兽为猫，所以我也不敢以猫呼之。然而无论如何，这是波斯与唐的交好。可惜伊嗣俟性格懦弱，为大酋所逐，遂奔吐火罗，途中大食人杀之而亡。波斯王子卑路斯也奔吐

祆祠 拜火教的兴衰

火罗，幸免得存。公元 661 年，卑路斯上奏于唐，诉大食人侵扰之苦，请兵救援。唐高宗行义，遣王名远往西域去，置波斯都督府，并授卑路斯任都督。据此关系，卑路斯数有入朝。当在唐高宗咸亨中，大约公元670 年至 674 年之间吧，卑路斯初次自来入朝，唐高宗拜其为右武卫将军。卑路斯虽为自来，显然也带有一定的随从，甚至以百千而计。他们有信仰拜火教的习惯，需要一个专门的场所做其仪式，这可以理解。至公元 677 年，经卑路斯申请，上同意，遂选醴泉坊营造祆祠，为波斯胡寺。

一年以后，唐高宗册立卑路斯为波斯王，令吏部侍郎裴行俭率兵送其还波斯。遗憾裴行俭至碎叶而返，任卑路斯独还波斯。由于大食阻挠，卑路斯难入其故乡，不得不客居吐火罗，凡二十年有余。至公元 708年，卑路斯又一次自来入朝，唐中宗拜其为左威卫将军。其终于唐长安，悲夫！

应卑路斯上奏所置之波斯胡寺，在唐中宗景龙中，公元 707 年至710 年，以大臣宗楚客筑宅要用波斯胡寺之地，便将其移至布政坊西南隅。因为这种变故，置于醴泉坊的祆祠，谓之旧波斯胡寺。唐与卑路斯的关系比较复杂，非简单思维可以理解，不过我讨论的是祆祠，仅此而已。

在西安出土的卑路斯银币，以文物证明了波斯人在唐的踪迹：1957年春天，西安张家坡一墓中发现卑路斯银币一枚；1957 年夏天，西安西郊李静训墓中发现卑路斯银币一枚。尤其是 1955 年冬天，对苏谅妻马氏墓志的考古，证明苏谅及其妻马氏悉为拜火教的信徒。墓志既用汉文，又用波斯婆罗钵文，表达有以拜火教最高神为马氏祈祷之意。马氏死于公元 874 年，唐懿宗咸通十五年，不过墓志所依为波斯历。马氏墓在西安土门一带，现在这里建筑林立，熙熙攘攘，没有丝毫的唐韵和唐气了。

大云光明寺
摩尼教的起落

　　唐长安曾经建有大云光明寺，为摩尼教徒所用。这是文献显示的，可惜文献未能纪录大云光明寺具体置于何地，考古也没有什么发现，遂难免感到困惑。

　　创立摩尼教的当然是摩尼，大约公元 216 年生，公元 277 年死，一个波斯人。当是时也，其他宗教已经盛行，摩尼也应该了解它们，甚至受其影响。实际上摩尼教就有琐罗亚斯德教的元素，也有基督教诺斯替派的元素。它也不弃佛教之启示，当摄取就摄取。可以认为，摩尼教有博采其他宗教而融成的特点，然而它也具独立的品格。

摩尼教的基本主张是：世界存在两股势力，一曰光明，一曰黑暗。光明与黑暗是有斗争的，此斗争会经过三个阶段。初际表现为光明与黑暗各有自己的王国。中际表现为黑暗侵入光明，遂斗而争之。后际表现为光明战胜黑暗，于是光明与黑暗就各复其位。所谓二宗三际论，大约指此基本主张。

摩尼教在波斯的传播一度甚烈，有风起云涌之势。它还走出亚洲，传播到了欧洲和非洲。从其普及范围分析，它是具世界性的。

可惜波斯王瓦拉姆一世反对摩尼教，把摩尼钉在十字架上让其死。摩尼教徒遂也受到迫害，他们逃离波斯，四散而去。有的人收心敛意，有的人还继续传播摩尼教。补充一点，瓦拉姆就是巴拉姆，汉译难免存在一字一意的差异。

有一支越过葱岭，穿过河西走廊，抵达唐长安。摩尼教进入中国大约在6世纪至7世纪之间，不过也有意见指出可能会更早，推测它会随拜火教至中国。然而此观点缺乏证据，有证据的是：周武则天长寿三年或延载元年，公元694年，波斯人拂多诞到唐长安来宣扬摩尼教。女皇帝似乎是欢迎摩尼教的，否则它不可能立足京师。这是摩尼教传播中国最早的时间，也是最可靠的时间。

吐火罗与唐的邦交关系很多年了。唐玄宗即位以来，也数有贡献，赠马，赠红玻璃、绿玻璃。唐是满意的，遂予以册封。至唐玄宗开元七年，公元719年，吐火罗支汗那王帝赊竟有别致之赠：一位精通天文的大慕阇。随大慕阇到长安来的当然还有一些摩尼教徒，从而奏请唐允其置法堂，以供奉摩尼。是否建有法堂，难考。迹象表明，唐玄宗对摩尼教不感兴趣，所以法堂可能未造。至唐玄宗开元二十年，公元732年，上肃然指示长安人不得追随摩尼，于是摩尼教的信仰者，敬拜者，就唯有回纥。何以如此，也难考。

平安史之乱，阻吐蕃入侵，回纥都借兵给唐，是有功的。以回纥援唐，他们便流寓长安，一副要生活下去的样子。回纥信仰并敬拜摩尼教，这便需要一个活动之地，遂上书唐代宗，盼批准。唐代宗反复权衡，终

于划地，于是唐代宗大历三年，公元768年，长安就有了一个大云光明寺。当时所赐匾额为：大云光明之寺。三年以后，唐代宗又敕荆州、越州、洪州和太原府各置一大云光明寺。

在唐长安，除了回纥供奉摩尼，粟特人也供奉。粟特人就是昭武九姓，他们夹杂于回纥之中，参与他们的政治，并仗势做其生意，唯利是图。他们办产业，开第舍，穿着漂亮的衣服，甚至诱娶妻妾。他们是否是摩尼教真正的信仰者、敬拜者？不知道。总之，印象很糟。唐宪宗元和初，就是公元806年以后的一段时间，回纥来朝，难免摩尼教徒随之。史记："摩尼至京师，岁往来而市，商贾颇与囊橐为奸。"

至唐武宗灭佛，也并废摩尼教，京师有女摩尼教徒72人皆死矣！

摩尼教也有其他称呼：末尼教、牟尼教、明教、明尊教，皆是也！敦煌发现的汉译摩尼教残卷显示，大云光明寺设经图堂、斋讲堂、礼忏堂、教授堂和病僧堂。此五堂各有其用，为法众共居精修善业之所。

我站在明德门，举目远望，问：长安城108坊，何坊曾经置大云光明寺呢？

清真大寺
伊斯兰教的流行

1992年12月的一天，我赴西安清真大寺，当时留下的纪录有一段是：

在7世纪初，关中处于隋朝灭亡和唐朝兴起之际，此时此刻，在阿拉伯半岛，穆罕默德创立了伊斯兰教，并传播安拉的声音。到了8世纪初，唐朝很是鼎盛了，阿拉伯商贾便通过丝绸之路进入长安，在这里经营生意。公元755年，发生了安史之乱，回纥士兵参加了唐朝的平叛。社会秩序恢复之后，回纥士兵就留在了长安。大约在这个时候，伊斯兰教开始在在关中传播，现在已经有1200年之久了。在西安的化觉巷，有一座宏伟的清真寺，伊斯兰教的信徒定时在这里做礼拜。

此清真大寺是一个完整的建筑群，我经常到这里来欣赏它的艺术。2012年7月16日上午，天不是酷热，以想看一看这里足有几百年的皂荚树，遂悠然入之。

清真大寺为东西向，长方形，占地面积逾13000平方米，共四个进院。有人独观，有人同游，自存它的安静。

清真寺大门

一进院的木牌坊高 9 米，卯套卯，节节连接，段段延伸，便隆然而起，呈雄壮之势。立柱粗广，横梁通直，各得支点，遂力使遍体。翅角飞檐，增加了它的灵性。以琉璃瓦覆盖其顶，显示了贵气和豪华。

向西，过五间楼，就到了二进院。这里的石牌坊以四柱所组，形成三间。中楣镌：天监在兹。南楣镌：虔诚省礼。北楣镌：钦翼昭事。两边各有踏道，围以石栏，又规矩，又典雅。附近有龙头碑两通。一为明万历三十四年，公元 1606 年所树，刻米芾手书：敕修清真寺。一为清乾隆三十三年，公元 1768 年所树，刻董其昌手书：敕赐礼拜寺。石牌坊坚固而精致，生顶天立地之感。此地有国槐，玉兰树，尤有两棵壮丽的合欢树，它们冲天而上，超越两通龙头碑。其冠阔朗，风吹枝叶便拂，若海浪轻溅。五间楼有三门，门墩悉为石雕，简洁而饱满，不可多见。

向西，过敕赐殿，就到了三进院。环顾四周，见数棵椿树，散落各处，其皮黑，高且粗。也有银杏树，核桃树，柏树，国槐，皆呈盛态。敕赐殿座落其中，红门敞开，方砖垫地。这里的重点当然是省心楼。它两

清真寺简介

石碑

寺院内

层，三檐，八角，琉璃瓦攒顶，又挺拔，又安然，十分绚丽，确实别有一种风度。

向西，过连三门，就是四进院了。此处的凤凰亭由三部构成，其巧妙地容纳了牌楼之元素，显得瑰伟绝特。中央是主建筑，属于地地道道的亭，六角形，飞檐，顶圆而尖。左右的建筑完全对称，皆是三角形，仿佛牌楼，飞檐如拍翼。三部相连，貌若凤凰展翅，谓之凤凰亭。它的南北两侧各有面宽七间的厢房，从而使凤凰亭在凌空之际添了稳重。我想看的两棵皂荚树便在凤凰亭一带，至少有三百年了吧，杆撑其冠，揽云为饰，以俯察天下。其木看起来颇含坚硬与坚韧的品质。仰观其冠，真是古贤人所赞的根柢槃深、枝叶峻茂。

向西，走中间的踏道或一左一右的踏道，都可以登临月台。月台亢扬而广阔，南北 54 步，东西 33 步，几乎全铺以青石。中间的踏道是白大理石，它从四进院的凤凰亭引伸而来，穿过月台，一直延至礼拜大殿

寺院亭

寺院一隅

敕修清真寺

石碑

白崇禧題匾

的庭前。大殿进深九间，飞檐姿健，斗拱气壮，一色蓝琉璃瓦苫顶，望之巍然而神秘。西安化觉巷一带的穆斯林，多在此礼拜。

西安清真大寺的建筑，多在中轴线上。中轴线东铺以麻石，中间铺以青石，西铺以白大理石，其变化带来了一种神韵。这里的照壁，牌坊，楼，殿，亭，台，厢房，疏密相宜，错落有致，通看分看，都有其布局。此完整建筑群，当是伊斯兰文化与汉文化融合的产物。这些是我一再考察所得的体会。

寺院墙壁

院内石碑

寺院内门楼

楼观
道教的绵延

　　终南山林深峰秀，久有声誉。楼观台在此营造，遂为道教盛境。尽管我不敢成仙，然而道教文化蕴含着处世的智慧，便常常登临，以治吾愚。有时候北京或上海的朋友到西安来，也携他们往楼观去。76公里的路程，远哉呼？汽车奔驰，真是十分的近了。

　　楼观之所立，在乎老子曾经于斯活动。老子就是李耳，字聃，应该是一个耳朵颇长的人，出生楚国苦县厉乡曲仁里，今之河南鹿邑。任周朝藏书室的史官，洞察了天下兴衰，发现周朝将亡，便寂然西游。

　　崤山以西有周朝的大夫尹喜，居终南山，结草为楼，以观天象。他见紫气东来，窃谓将出圣者，便切切盼望。老子翩然而止，其超尘拔俗

天下第一福地

之象，使尹喜惊叹并敬仰，遂迎老子入庐，并筑授经台，曰："子将隐矣，强为我著书。"老子便著书上下篇，论道德之意，足有五千言，之后不知究竟。有人认为，老子著书既毕，选邃密之高岗乘云升天了。司马迁对李耳有论，他说："老子深远矣！"

楼观的精华在授经台一带。2012 年 7 月 24 日，我再登临授经台，以追渺渺之贤。可惜红门紧闭，不得入内。四顾遍问，在此拉客骑马上山的一个妇女说："有画家给宝殿绘图呢！"我想大约是在修缮吧，观之难了，遂在授经台以外盘桓。

在我的印象之中，授经台为庭院，筑有钟楼，鼓楼，老子祠，藏经阁，救苦殿。老子祠飞檐斗拱，砖墙有雕，庄重而典雅。不过世事变化

极快，近乎两年，我未至授经台了，不知它是否旧貌换了新颜？

这里旷然敞亮，客多于斯小憩。也有道士等待其客抽签，以答吉凶福祸之问的，也有道士身披灰袍，悠然往来的。授经台前作有水池，池深水浅，硬币散乱。水池旁建一亭，亭里树一碑，刻曰上善池。辨析款识，是赵孟頫的字。想看一看碑阴，便绕过去。蓦然目击一位妇女坐在亭的台基上，对面是一位道士，其半躺软椅，腿伸过来，恰恰搭在亭的台基上。见有秘事，遂没有完全转至碑阴。我朗声对道士说："兵者非君子之器也，不祥之器也，不得已而用之。"道士拧过来半个脸，睨视着我，笑曰："无为而无不为。"这一带还有别的碑，以欧阳询的隶书为珍。

宗圣宫大门

唐高宗李渊拜老子塑像

当然，我一向喜欢古木，遂走了一圈，流览巨大的青檀，巨大的银杏，七叶树，栾树，并将其形象一一存诸脑子。徘徊之处，皆是青石，混凝土，觉得很干燥。地气不足，便乏温润。

道教之主为老子，然而老子并没有创立道教。根据司马迁的纪录，老子当是春秋末期的人。道教产生于东汉末期，它距老子在世之时晚了数百年。但老子的种种认识却是道教的理论之源。只有老子是不够的，还需要黄帝的支持，以加强道教的力量，于是黄帝就被尊为道教之祖。把黄帝和老子进行联结的是庄子，足证其人之聪明。实际上道教的理论之源，还有鬼神崇拜。儒家的伦理思想，墨家的尊天思想，对道教也有助益。道家也吸收了邹衍关于阴阳五行的观点。道家尤其欣赏神仙思想，并把长生不死以至当一个神仙视为追求的目标。它信仰的是道，自有一套修行的方法。它为中国文化所孕育，也是中国文化的融合和精炼。中国的宗教往往由西方传来，惟道教是本土所产生的。

寺内千年古柏

老子手植银杏

道教的思想杂而多端，其发展也分分合合。它显然也难以独立，总体上是渗透在权力之中，纠缠于魏阙之上。魏晋以来，历朝历代皆如此，在唐尤为明显。李渊起义之际，道士便纷纷支持，既出资金，又出士卒。李渊登基，就确认老子为先祖，敕修楼观栋宇，并赐其田亩。公元624年，李渊还亲临楼观，祭祀老子。有唐一代的皇帝，基本上都沿袭了以道教为国家信仰的传统。唐太宗对道教甚为优宠，自己晚年还服食金丹。唐高宗开始也是尊崇道教的，可惜武则天擅权，并以佛教为自己的篡位制造舆论，遂将道教贬了下去。一旦唐玄宗即位，便高举道教，更是封老子为玄元皇帝。他不但把道教纳入科举考试项目之中，而且指示要整理道教，弘扬道教。他还给道士拜官赐物，甚至也迷上了金丹，以长生成仙。当然，他并不否定佛教。不可怀疑，此间的唐长安，应该是道教的黄金时间，大臣贺知章是道教徒，诗人李白是道教徒，杨玉环也是道教徒。女道士不只有杨贵妃，还有其他公主呢！

炼丹炉在炼丹峰，我一直没有上过，现在要上。坐在荫凉中的妇女

石碑

老子骑牛石像

早期石牛

早期水石牛

石刻老子道德经

猜测了我的所思，立即动员我骑马。骑马也是可以的，不过有人牵缰绳会打扰我想问题，遂拒绝了。海拔千米，不易上，因为盘道皆砌石为蹬，累累成梯，得强迫躯体做固定且连续的运动。然而上46分钟，终于到了。汗水发背，浸透了衣服，不过心有喜悦。

炼丹峰耸然而出，其顶为坪，几十平方米的样子。中央有小庙，坐北朝南，奉老子像，其砖座，砖墙，但屋脊却为混凝土，灰色泛白，顿失和谐，也欠肃穆。周围尽摆小摊，卖香，卖蜡，卖饮食，杂乱如闹市。我问："老子的庙怎么是这种版式？"身穿蓝袍的道士说："1966年红卫兵扒了屋脊。"我拍了一张照片，便赴小庙以南的炼丹炉，也想为它拍一张。刚举照相机，一个经营小摊的农民就说："炼丹炉是新的。红卫兵当年也砸了炼丹炉。"既然我来

石碑

了，也便选了角度拍了一张。炼丹峰属于前东明村，从事经营的人，皆是当地的。

蹲踏炼丹峰，凭高据深，足以四望。向南，重峦叠嶂，一片葱郁。固然养目，不过看久了也显单调，遂回头向北。关中平原八百里，遗憾雾霾如盖，我只看到靠着终南山的一绺。黄壤之上，栋宇竞起。楼观对面，恰恰是浩瀚的宗圣宫，过环山公路，便又是澎湃的赵公明财神庙。其他地方，一块一块的，也都在造什么楼，营什么厦。有一道山梁，显然也铲而为坪了，遥见或圆或方的混凝土工程，大约很快就是一个堂，一个馆，或一个店吧！把视线缓缓摇向终南山北麓，隐隐看到田峪河，闻仙沟，塔峪沟，其道仍在，可惜几乎都不流水了。

宗圣宫后门

　　夜归读老子，感到他的一些观点仍不失为启示。论治国，他说："江海所以能为百谷王者，以其善下之也，故能为百谷王。"又说："受国之垢，是谓社稷主；受国不祥，是为天下王。"论处世，他说："揣而锐之，不可常保；金玉满堂，莫之能守；富贵而骄，自遗其咎。"又说："知足不辱，知止不殆，可以长久。"他观察万物的角度是辩证的，说："有无相生，难易相成，长短相形，高下相倾，音声相和，前后相随。"又说："祸兮福之所倚，福兮祸之所伏。"老子相信宇宙是靠道而生成的，他指出："道生一，一生二，二生三，三生万物。"道是什么，他只有神秘的比喻，未作详细解释，遂使异口异论。他像一个2500余岁的久坐诊室的老中医，脸冷，眼睛毒，神情偶尔闪烁着一丝傲岸和鄙夷，沉默，戒备，不过断病极准，并会开出自己的药方。当然，听不听由你。

🦁 卧龙寺

卧龙寺颇为深广，南北有数院，东西还设置有经堂和斋舍，其间刻石插而立之，可谓势大不凡，气幽不泄。

在天王殿檐下，两僧面壁而坐，悠然晒背。我过去问："师傅好！当年的卧龙和尚是叫惟果呢，还是叫惠果？资料不统一啊。"左侧的僧回头看我，指着右侧的僧说："请教他。"右侧的僧转身挥手说："碑文有纪录，你自己查吧！"

我便读碑文，可惜清晰者少，漫漶者多。大雄宝殿前的刻石比较新，遂近而览之。一个穿立领棉衣的男子忽然挺胸昂首溅唾锐声说："撰此碑文的人绝对没有良知。卧龙寺曾经辟为工厂，挪作殡仪馆。这是什么时候发生的，谁导致的？碑文只指出卧龙寺遭遇浩劫，不交代缘由。这样做没有良

卧龙禅林

知，难有善报。"见他偏激，我说："今天风寒，不过阳光还明亮。"退避而去。

此庙在汉灵帝时立，当是公元二世纪的佛教盛事。隋建福应禅院。唐以画家吴道子于斯绘观音像，改之为观音寺。宋初为龙泉院，宋太宗时，有僧叫惟果或叫惠果的做住持，终日大卧，佛教徒呼其为卧龙和尚，遂有卧龙寺。

传五代十国，传元，传明，至1521年，秦王朱惟焯主持修缮了卧龙寺。传清，至1866年，附近的火药局起火爆炸，殃及卧龙寺，凡大雄宝殿，经堂，斋舍，多有震塌。两年之后，接受捐资，乃得恢复栋宇。

龙王殿

西北第一禅林

石碑

寺院内左侧门

地藏殿

慈禧太后避难西安，给卧龙寺以兴旺发达的机遇。慈禧赐银千两，以增其宝殿，并筑石碑坊。慈禧给石碑坊题额曰慈云悲日，为山门题额曰敕建十方卧龙禅林。清德宗光绪皇帝追随慈禧，也题额曰三乘迭耀。见慈禧和皇帝如此重视卧龙寺，西藏与蒙古的喇嘛及王公，也很重视，纷纷于斯致礼。一时恢宏壮丽，香火骤旺。

中华民国时，有僧常常光临卧龙寺并讲经。妙阔法师，太虚法师，慈云法师，都到这里来过。朗照法师曾经是卧龙寺的住持，1949 年以后仍为住持。遗憾逢文化大革命，历代佛像及经幢，宋铸幽冥钟，尽遭毁坏，令朗照法师深痛难忍，自绝而逝。

我对卧龙寺的兴趣起于康有为在这里的尴尬和蒙羞。1923 年 11 月 6 日，康有为游西安。受吴佩孚推荐，任陕西督军的刘镇华邀请其到陕西来。康赞长安是数千年第一文化之区，当然要到处看一看。在陕西，也有一批他的故旧和门生，宋伯鲁，李岳瑞，雷延寿，刘古愚，王典章，陈涛，张扶万，龚性田，宁述喻，赫然皆是也。前呼后拥，康有为在陕西展开了种种文化活动，不过毁誉参半，也有推崇，也有反对。

钟楼

康有为当年宿五味什字的中州会馆可园。有一天，他派可园的职工赴卧龙寺拉藏此庙的宋版佛经。佛经装上轿车，运抵可园。佛经一去，卧龙寺之僧定慧忽然感觉不对，便紧急呼吁，要收回佛经。消息迅播，西安的社会贤达，包括水利专家李仪祉和西安红十字会会长杨叔吉，立即成立了陕西古物保存会，并见陕西省议会议长马凌甫，请求支持。他们还以陕西古物保存会的名义，通过律师陈松生向法院起诉康有为盗窃佛经。法院以程序，由法警送康有为传票一份。不日，上海便有报纸刊登漫画，披露陕西人声索康有为偷其佛经。须臾之间，一城风吹，举国浪涌，西安变成了康有为的滑铁卢。他怏怏缴其佛经，别陕西而奔武汉。

凡智者都不会把康有为之举定性为盗窃，否则陷于轻率。康有为在卧龙寺发现了宋版佛经，十分喜欢，希望一存。他与定慧和尚还共进素餐，有所交涉。资料证明，他提出以自己所藏佛经交换卧龙寺所藏宋版佛经，不但定慧和尚同意了，而且签订了交换合同。定慧之所以呼吁收回，主要原因是他反悔了。当然，可园的职工冒然多装了一些佛经，也为定慧的收回

法堂

大雄宝殿

药师殿

寺内墙雕

之举增加了一些道义。

　　不过反悔就反悔，收回就收回，为什么会大张旗鼓，闹得惊天动地呢？康有为在陕西表现了知识的傲慢，这让人讨厌。有收藏家让康有为品评古玩，他以聪明装糊涂，视之为相赠，顺便塞进行囊，这让人鄙薄。刘镇华在陕西作恶多，行善少，但陕西人抨击刘镇华却不容易，便通过贬损康有为旁敲侧击刘镇华，因为康是刘邀请的，康至陕西难免要表扬刘几嘴，这让人恼火。康有为的政治思想显然落伍了，其复辟君主统治之论是逆潮流的，有先进文化之士，无不要借机谴责。我以为，凡此种种，是康有为惨败陕西的缘由。

　　卧龙寺所藏宋版佛经，实际上是明刻的，当然这也价值连城了。

　　西安的冬天有时候阳光真是特别明亮。山门两边的墙下，坐着满满一排卜者和乞丐，看起来年龄都大了，有的白发苍苍。席地而坐的，带凳而坐的，一概猥琐，潦倒，落魄，缺乏卜者和乞丐当具的一种风度。阳光颇冷，照也不暖。

仙游寺

　　某年早春，长安文艺官员田措施，周至文艺官员赵永武，共邀作家诸位进行文化考察，我在其中。驱车奔走，行迹斑斑，卒有仙游寺令我回味。

　　其庙曾经藏终南山黑水峪，史书方志皆云，翠峦相拥，清溪独翩，为隋唐宝地，明清胜景。可惜20世纪80年代以后，西安缺水，决定修

仙游寺院内一隅

仙游寺院内一隅

金盆水库，以引流入城，不得不迁其出峡谷，建之于一面朗然的高坡之上。未能仰观昔日之仙游寺，多少是有遗憾的。

仙游寺声誉之重，我看在文化元素的一再增加。它原本属于隋文帝的仙游宫，是满足一个皇帝玄想修道需要的，也不算什么瑰伟绝特之作。不过唐筑仙游寺，有僧居焉，这便增加了一道佛光。又有秦穆公女儿弄玉

法王塔

吹箫引凤之论，又增加了一层神话色彩。又是白居易为玄宗贵妃作歌之地，辞曰："汉皇重色思倾国，御宇多年求不得。杨家有女初长成，养在深闺人未识。天生丽质难自弃，一朝选在君王侧。" 激情荡气，缠绵悱恻，又增加了一段骚客韵味。又有苏轼取泉煮茶之闻，又增加了一件才子风雅之好。此庙文化元素的累积，显然具马太效应，从而为天下所知，并传之广远。

倾慕而来，不过由于仙游寺是移植于高坡之上的，径荒殿粗，佛教徒寥寥，香火薄弱，遂情怯心忧，深恐出乎我的审美想象，竟不敢也不愿意靠近。我只是遥望着一根孤独的法王塔。微雨初敛，蓝天染白，柔丽的阳光照射着它的七层砖壁，苍黄眩目，哀怨浸怀。缓缓登临一个土堆，见秦岭尽绿，关中泱茫，思之久久难明。

仙游寺

🦁 广仁寺

1703 年，清康熙皇帝巡视天下。冬日渡黄河，过潼关，抵达西安。他接见了驻防官兵，作了盛大的检阅。此间他还做了一件事情：敕建一座喇嘛教寺院，并为之拨款。

春秋两度，到 1705 年庙立，这便是广仁寺。康熙皇帝显然十分重视，御制碑文记之，还赐匾额曰：慈云西荫。

走尽长长的习武路，我在西安城西北角目击了广仁寺。算一算，此庙已经逾 300 年，然而看起来它一切都是新的。山门之前，是一个广场。春风提升了气温，有妇女带着孩子学步，有人或立足，或移趾，以锻炼身体。喇嘛教的旌旗高入云天，可惜不招春风，便任其垂落。由主持仁钦扎木苏上师发愿，得喇嘛教信徒资助，2007 年

转经筒

所营造的佛祖宝塔，东四尊，西四尊，白石灿然。尚未使用的售票亭油漆晾干了，只等开其窗口。

资料显示，广仁寺过去占地16.4亩，果园发香，花圃流芳，列殿堂与房舍101间，屋脊错落，门洞相连，森然一片。现在缩小了，不过还好，毕竟可以修其残垣，复其旧制，当飘扬的时候喇嘛教的旌旗就会飘扬。20世纪50年代到70年代，中国的宗教场所几尽关闭，广仁寺只能遭封。

山门呈红色，由于有西城墙和北城墙为背景，遂不显宏伟，然而它的两重飞檐，也足长气势。四根圆柱也呈红色，按点而立，恰到其位。总之，山门是俊秀的，庄重的，得体的。

进入其庙，一道影壁迎面而立。南为平砖，北为立砖。立砖尖上尖下，落落大方。大约是恐裂

达赖行宫

广仁寺

137

广仁寺后院大殿

缝，坍塌，以铁扒固定着。抬头仰观，十八罗汉在影壁之顶。

广仁寺曾经遇到何等破坏，不知道。然而康熙皇帝御制之碑，确实是打碎了。有一个八角形的建筑，为康熙碑亭。所立之碑是克隆的，固然它的雕刻也颇为精致。可惜它是仿碑，仿碑自有仿碑之弱。原碑打碎了，也难以觅得它的片断。所幸有一年掘地取土，其碑头竟从黄壤之中脱然而出，遂为文物。无非是两龙盘绕，不过汉白玉极为厚重，雕刻不但细腻，而且含灵流韵。此碑头现在置康熙碑亭之前。

广仁寺的天王殿一带比较阔朗，东一放生池，西一放生池，皆有鱼游。玉兰树虽然还没有开花，不过已经含苞待绽，雪松冬天不凋，春天将一定更翠。

长明灯蹲放于亭，我过去欣赏，这时候身穿朱色袈裟的僧人伸手打开了门，我说："谢谢！"他说："不客气。"铁铸的长明灯呈黑色，很是坚实，大如桶，上细下粗，因为未燃，也没有什么特别。僧人倒是有

千手观音

寺内石佛像

康熙皇帝题写的"慈云西荫"匾

趣，便问他："你叫什么名字？"他说："……"他也知道我不懂蒙古语，遂在自己掌中写：呼德日扎那。问："出家多少年？"答："18年。"显然是一个善良而诚恳的僧人。他东一指护法殿，西一指长寿殿，说："这些都可以看一看。"

在主殿中央供奉着绿度母菩萨，东边供奉普贤菩萨，西边供奉文殊菩萨，其像都很大。房顶绿色偏幽，气氛神秘玄奥。我在这里看到了康熙皇帝所题的匾额：慈云西荫。其书端正，稳妥，绝无浮华。在主殿的回廊上，装有经桶，僧人或信徒可以绕回廊顺时针走，并顺时针转其经桶。几年之前一个农历正月的晚上，我于斯巧遇一场祈福法会，见数百信徒在地上点亮了成千上万的酥油灯，光焰闪烁，明冲黑暗。有的信徒便在绕回廊，转经桶。以喇嘛教观点，转经桶走一圈，相当于念十万遍六字真言：嗡嘛呢叭咪吽。那天晚上，广仁寺没有一点喧闹，唯有经桶像风一样呼呼响着。不过现在的经桶颇为安静，是黄昏了，只有几只鸽子渐渐落脚主殿的梁上，以夜能栖居。

千佛殿供奉宗喀巴大师及其两个信徒。其像由缅甸红木雕刻，一律鎏金，遂显一片辉煌。喇嘛教就是藏传佛教。大约公元 7 世纪，佛教进入西藏，以结合本土固有的苯教，发展为喇嘛教。不过在渊源上，它仍属于佛教。藏传佛教有四派，除宁玛派、萨迦派和噶举派外，还有宗喀巴大师创立的格鲁派，就是黄教，其强调严守戒律。

在千佛殿前有玻璃罩所护的一口白大理石莲花缸，包浆很厚，呈老相，也是文物。直径 1 米，高也 1 米。莲花生动，有勃郁之气。蔓草为饰，有传统之美。这里的一棵紫荆树屈曲扶摇，足有百年。不过这里更奇的是一棵双叶柏树，既长侧柏叶，又长刺柏叶，令植物学家也感到震撼。

金瓦殿壮丽之极，可惜刚刚竣工，还未启用，我未能入之。数千卷明版经书将藏于斯，不过我只能等再有机会一瞻了。难得闲暇，什么时候是再有机会呢？

禅房走廊

寺内佛像

慈禧题"法相庄严"

寺内墙壁

当年康熙皇帝敕建广仁寺，实际上是给从西部往北京去的喇嘛教信徒一个投宿的地方，当然也可以举行法会。沧海桑田，因为飞机和火车的出现，不管是从拉萨走还是从格尔木走，喇嘛教信徒赴北京都不必在西安城过渡了。但广仁寺却成了此地一个活的文化遗产，这是幸运。

寺内后院房屋

祈福

雷珍民 書

佛曆二五五四年

陕西省原书协主席雷珍民题

礼拜堂

　　我想看一看西安市南新街的基督教礼拜堂，郭牧师在电话里建议，可以星期天去，因为信徒当日有活动，要做三次礼拜，牧师也在。不过我的行事有自己的节奏，遂在星期四，2011年4月7日下午到了礼拜堂。

　　在大学时候，我就来过这里，是由老师带领，先参加教学实践，接着顺便率学生体验了一下礼拜堂，二十分钟左右吧。那天有牧师布道，几十个信徒坐在椅子上听着，牧师朗诵曰："我是葡萄树，你们是枝子。常在我里面的，我也常在他里面，这人就结果子；因为离了我，你们就不能做什么。"依靠礼拜堂的墙壁稍站片刻，我就记住了这段论语，它真的像天音一样顷润心灵，有一种奇妙之感。可惜我是政治教育系的学生，正在接受马克思主义的思想，不能相信神在，遂使礼拜堂飘渺而去。然而一旦我把葡萄树与枝子的论语录制吾心，就再也没有磨灭。多年以后，我才知道这是耶稣给其信徒传道所用的比喻。

　　礼拜堂几乎还是我三十岁所见的样子，仿佛也是我二十岁所见的样子，推开一个红铁门，便是院子。混凝土地面，难免干燥，它也抹去了黄壤所蕴含的一种生气，然而毕竟有一棵皂荚树在此，尽管弯曲为弧，是黑皮，但它却经风受晒几十年，并未倒下为木做柜，或成柴烧了火。

院子逼仄，大显局促，也有一种背离经济增长率的破败和落寞，不过院子毕竟还有一座礼拜堂。

它是一座砖木结构的建筑，南门为正，东门为偏，拱形红框，高耸有威。尖顶坡檐，灰瓦铺而排之。砖砌墙壁，混然为素，显得十分肃穆和庄重。装有二十扇窗子，即使不开灯，我也完全可以看得清楚礼拜堂里的十二根木柱，宽阔的红天花板，密度颇大的红条木椅子。曾经见有信徒坐在这里祷告，我也曾经在此以平安夜的颂歌而激动，不过现在礼拜堂除我外一个人也没有，唯见几片春天的阳光投放进来，敞然而亮。

问郭牧师："这个礼拜堂信徒的年龄如何？"她说："以中年人和老年人为多？"

问郭牧师："那么性别呢？"她说："以女性为多。"

问郭牧师："他们的文化程度呢？"她说："一般。"

问郭牧师："他们以什么原因信仰了耶稣？"她说："各种各样的原因，不过似乎由于家庭有问题最多。"

问郭牧师："信徒趋向多还是少？"她说："应该有发展。"

耶稣是犹太人，生在伯利恒，长在拿撒勒，从而世称拿撒勒的耶稣。大约 30 岁前后，他自谓弥赛亚和基督，在加利利，并往耶路撒冷去传道。由于治病救难，又能出奇制胜，遂有信徒追随。他显然也是一个令人喜欢的青年，爱儿童，爱花，尤其不辞帮助那些患者，犯罪者，遗弃者。当时犹太人处于罗马帝国的统治之下，苦难深重，切盼有先知能把自己解放出来，可惜耶稣要建立的王国显然不属于这个世界，遂使他们抵制。犹太人也反对耶稣有上帝之子的一种权威。争执烈然而起，犹太人便向总督彼拉多告发耶稣，指控他蔑视罗马帝国，企图立自为犹太人之王，并要求彼拉多处死耶稣。大约公元 29 年至公元 33 年之间，逾越节那周的一个星期五，在遭遇尽极的侮辱之后，耶稣被钉在十字架上，被钉的还有两个小偷。不过两天以后，星期天，耶稣复活了。信徒看到他便走上去致意，也有人看到他和信徒在一起。四十天之后，他升天而去。复活之事，意义极大，它使耶稣的信徒把沮丧变为欢乐，把恐惧变

礼拜堂大门

为勇敢，把失败变为成功，并给了他们一种光明和希望。这也一直鼓舞着基督徒。

　　基督教传播最关键的环节是耶稣拣选并教诲的那些信徒，他们坚信耶稣的真理不仅仅是给犹太人的。他们离开故乡，往埃及去，往小亚细亚去，最壮烈的行动是乘船渡海，往罗马帝国的中心去，在凯撒的王宫门前传播真理。他们无不殉道而死。足有三百年，罗马帝国视基督徒为异端，石砸信徒，绳绞信徒，火烧信徒，刀砍信徒，狮食信徒，然而他们绝不停止对福音的宣扬。公元1世纪，在罗马帝国的主要城市里都有了基督徒。公元2世纪，基督徒已经占罗马帝国人口的百分之五。公元3世纪，基督徒虽然仍是小部分，不过信仰基督的分子已经有律师，医生，军官，文官，甚至还有总督。公元4世纪，是基督教神奇的转折岁

礼拜堂

月：皇帝戴克里先曾经处死了成千上万的信徒，然而公元311年，皇帝伽列里乌斯便下诏要求结束对基督徒的迫害。接着是公元313年，皇帝君士坦丁堡敬然颁布米兰敕令，明确规定："任何人不论他选择什么信仰，均有充分的自由。"临终之际，他也接受洗礼，公开承认自己是基督徒。至公元380年，皇帝狄奥多西乌斯宣布以基督教为国教，他当然也是一个基督徒。基督教取得了决定性的胜利，而且一直在发展。现在，全世界有数十亿信徒，诚如耶稣所言，它是属于万邦的。

基督教的流行在于耶稣所弘扬的真理符合人性。他强调爱，公正，平等，诚实，节制，尽责，勤劳，确立了人和上帝的关系及其人与人的关系，指出人当爱上帝，并要爱人如己。他告诫信徒："你们愿意人怎样待你，你们也要怎样待人。"他认为天国是有的，它在那些愿意悔罪并行上帝之道的人的心中。基督教有一种文化的力量，它曾经给了世界一个充满希望的方向，今天它显然仍有其宝贵的价值。

中国从来就没有拒绝基督教，这恰恰证明了它的伟大。资料显示，耶稣的信徒圣多默在公元1世纪就赴中国布道，可惜这在中国缺乏实证。不过有碑文纪录，基督教在唐代确实进入了中国。事情是这样的：公元5世纪，君士坦丁堡的主教聂斯脱利的神学观点被罗马帝国斥为异端，驱逐他而去。不过聂斯脱利没有放弃自己的主张，恰恰相反，他在波斯及其周边继续布道，并沿着丝绸之路到中国来了。受派遣，波斯传教士阿罗本在公元635年至长安。唐太宗李世民不愧为开明之君，他令宰相房玄龄欢迎阿罗本，又邀其到皇宫去。考察了两年，到公元638年，就是唐太宗贞观十二年，李世民认为基督教济物利人，宜行天下，遂批准阿罗本传而扬之，并划地拨款，同意其在长安城义宁坊修建波斯寺。唐玄宗执政，也支持基督教，还把波斯寺改为大秦寺，尤其有趣的是，他吩咐把先君像置基督教礼拜堂之中。唐德宗建中二年，就是公元781年，在终南山北麓一带立碑，彰显基督教在中国的流行。碑文纪录的是景教，实际上景教就是基督教，是其在底格里斯河与幼发拉底河流域传播的一个教派。遗憾到唐武宗会昌五年，公元845年，大肆灭佛，

礼拜堂

景教也受到打击，遂在历史之中消失了。幸而其碑在 1625 年出土，否则难以知道基督教在中国的初状。此碑华严而壮阔，现在藏西安碑林博物馆。

基督教在其发展过程形成了三大教：天主教、东正教和基督教新教。不过它们都属于以耶稣的思想为基础的宗教信仰体系。元世祖至元三十年，1293 年，传教士约翰·蒙高维诺乘船渡海到泉州，之后辗转抵大都，会当元成宗掌权，经其同意，天主教开始在中国传播。大约 1238 年，也有传教士到西安来，这也是马可·波罗所注意到的。清圣祖康熙四年，1665 年，俄国人侵占了黑龙江的雅克萨，接着便有俄国的基廉斯克修道院长叶尔莫根在此建礼拜堂，举行基督教活动。至清圣祖康熙十年，1671 年，叶尔莫根又在雅克萨的磨刀石山建仁慈救世主修道院，东正教遂开始进入中国。清帝国武装力量收复雅克萨以后，押俄国俘虏至北京，把其编入在胡家圈胡同的满族人的军队，并改这里的关帝庙为尼古拉教堂，信奉的当然是东正教。在中国的东正教属于俄罗斯的正教系统，其一旦进入中国便长足发展。清仁宗嘉庆十二年，1807 年，传教士马礼逊到了广州，标志基督教新教开始进入中国了。清文宗咸丰四十五年，1861 年，基督教英国浸礼会至中国，总部设上海。清德宗光绪十七年，1891 年，传教士邵涤源、郭崇礼和莫安仁到了陕西省三原县传播福音，并筑教堂。渐渐地，基督教英国浸礼会便进入西安。

西安市南新街的基督教礼拜堂，便是在这样一个背景之下产生的。已经无法知道是谁捐资，是谁设计的，不过可以知道它在 1914 年动工，中华民国八年，1919 年，投入使用。当时以礼拜堂为邻，还有一座崇德小学，也是基督教英国浸礼会所开办。1949 年，此小学由共和国接管，不过礼拜堂仍为信徒的活动之地。遗憾 1966 年有"文化大革命"，包括基督教在内的一切宗教活动都停止了，这个礼拜堂也遭关闭。然而宗教的自由总有强大的力量在推动，禁锢不管多么持久，都是暂时的。1981年，在此举行了沉寂十五年之后的一个圣诞节典礼。这是礼拜堂使用的

礼拜堂

恢复，也是一个新的开始，很多信徒都哭了。

　　我在礼拜堂徘徊了一个下午，形影相随，仰天而思。走的时候，我买了一本论神的书。这里有一个仅仅一间房舍的书店，尽是关于基督教文化的著作。出门之际，碰到一个年轻姑娘，要买福音书，其声柔和，仿佛照在一只麻雀羽毛上的夕晖。

天命与宗教

关中有很多宗教场所，从春天到冬天，我一直在山河和胜迹之间流连，偶尔，我也到这些宗教场所走了走，我的心情是敬重的。我看到的宗教场所，没有一个涌动热潮，不过也没有一个全然冷清。古木深院，总会来一些人祈祷与朝拜，献祭与许愿。当然，到这里来的绝大部分人是观光的。在四季的某些日子，这些地方的气氛会非常隆重。当信徒聚集起来纪念其主的时候，宗教场所便显出了它异样的神圣和肃穆，可惜我一次也没有赶上。

我到周公庙去，天已经黄昏，最后的夕阳将岐山照得一片通红，绒绒的野草在柔和的阳光之中融化着，但周公庙却一片幽暗。花香从树林渗出，并四处散发。我踏着砖铺的甬路走着，很长时间，才走到巨大的殿堂，周公的塑像就在这里。

周公是孔子佩服得五体投地的人物，在周公的影响之下，孔子创立了儒学。尽管儒学思想不是一种宗教，但它那种对生活和对宇宙的感情，却接近一种宗教的感情。它的关于天命的观点，在中国人的灵魂之中根深蒂固。

我从周公庙出来，走在平坦的原野，密密麻麻的村子开始笼罩于烟

老子塑像

岚之中。这里的人家，生活并不宽裕，年年如此，代代如此，不过他们并不因为难得富贵而绝望。他们永远都在努力，只是，努力所带来的结果怎样，那是天命的事情。谁都有自己的天命，于是人在世间的种种痛苦，坎坷，遭遇，似乎就有了解脱的路径。

儒学思想，一直奉为中国封建社会的正统思想，但它却并不能完全满足中国人的灵魂需求。儒学思想过于现实，过于严肃，它不能给中国人以浪漫和幻想的余地。实际上人是需要灵魂的高度自由和高度轻松的，否则便很压抑。由于儒学思想的缺陷，从而使其他宗教得以在关中立足，并以道教和佛教为盛。十世纪之前，关中是令世界惊叹的帝王之州，文化的发达，灵魂与政治的渴望，使这片土地上的宗教扑朔迷离。

楼观台在终南山北麓，一场大雨之后，我到了这里。在关中，我没有见过如此青翠的竹林和如此葱郁的高岗，关中一般都是黄土覆盖，尘埃飞扬，然而在这里的著名的道教圣地，竟是如此优美，甚至响彻清新空气之中的鸟鸣，都带着溪水的纯净和鲜润。

道教产生于东汉时期，它尊道家始祖老子为真人，从而老子的思想也便成了道教的理论基础。楼观台这个地方，初是周朝大夫函谷令尹喜的住宅，斯人有异能，喜欢钻研天象。他在这里结草为庐，仰观宇宙之大，俯察物品之盛，忽然有一天发现紫气东来，并相信会有真人西行而来。果然是老子到了关中。尹喜将其迎至他的住宅，向他讨教。在此期间，老子留下了道德五千言，随之离去。

　　我在楼观台雄伟的殿堂看到了老子的塑像，这个具有超级智慧的真人，发现了以消极态度对待世界的高明见解。他知道人的任何努力都是徒劳的，于是他就教导人回归自然。透过森森古木，我望着终南山的绿色峰峦，在乌云消散了的天空之下，远方的峰峦仿佛刚刚沐浴了一样。

　　几乎每个朝代的帝王都对楼观台抱着友好的态度，其中以唐朝特别突出。公元620年，一个道士告诉李渊，他遇到了老子，老子承认他是李渊的远祖。这使李渊大喜过望，立即往楼观台去祭祀老子，因为他拔高了李渊的门第。从此，楼观台高高在上，即使唐朝之后关中已经不为帝王之州，它仍为五代及宋元明清所敬拜。

　　楼观台的卜卦是很灵验的，经常有人在此抽签以白吉凶。咸阳一个企业的经理，不但每一个决策要到此抽签，而且每一次出差也要到此抽签，甚至他招聘人才，也要抽签考察。不知道为什么，他的经营显然是成功的。

　　法门寺是佛教的重要场所，这里的真身宝塔举世闻名。我是蓦然

楼观台鼓楼

看到这个高耸的真身宝塔的。1992年夏日，我从西向东在周原走着，辽阔的大地从北部的岐山向南部的渭水倾斜，在多风多云的天空之下，我可以极目远望。路旁的白杨和田野的玉米，全然呈现着挺拔的姿态，而其他地方，则是湿润的仿佛大雨刚刚淋过的黄土，一种肥沃之气在风中散发。我和十一个农民坐在简陋的三轮车上，心平气和，略作思考。偶尔抬头，我看到了一座灰色的建筑，十三层的真身宝塔蓦然出现在阴晴过渡的天空之下，它的风铃响得很是清脆，数公里之外，我都听见了。一瞬之间，我有一种十分明显的轻快之感。这使我永远不能忘记那条笔直的道路，那种清新的空气，那些农民和那个司机，当时我感到安全和温暖，尽管我和任何人都不认识。

法门寺的建筑年代，难以确定，不过它起码是在东汉之前便存在了。

法门寺塔基地宫遗址

法门寺的珍贵在于它有佛指舍利，那是笃信佛教的印度阿育王所分葬的。释迦牟尼火化之后，遗留的固体结晶便是舍利，大约公元前三世纪，阿育王将所有的舍利收集起来，共八万四千份，分葬各国，并修建了八万四千座宝塔以安奉。法门寺便是其中之一。

在唐代，曾经有七次由皇帝倡导迎奉佛指舍利的活动，当是此际，长安轰动，人山人海，而且法门寺会得到皇帝丰厚的赠物。史记，公元819年，唐宪宗迎奉佛指舍利，极尽铺张，韩愈奏章批评，其结果是被贬潮州。韩愈愤而上路，从蓝田至武关，郁郁而去。

法门寺的真身宝塔，在1981年4月24日凌晨的大雨之中倒毁一半，其声如雷，惊醒了很多梦中之人。在重新修建宝塔的时候，有神秘的地宫出现，佛指和华美的金银器皿之类藏在其中。1988年11月9日，开启了装着佛指的匣子，那是一个令人紧张的瞬间，佛指蓦地闪光流彩，仿佛燃烧，在场的僧徒无不惊异。他们伏地诵经，声震四野。

我所看到的真身宝塔，是一座新的宝塔，其将充满古朴典雅的色泽和庄严秀美的形状凝为一体。它耸立于关中西部坦荡的周原。在它的周围，云聚着众多新的建筑，全然是琉璃瓦，瓷片瓷砖，阳光之下，一片辉煌。法门寺地宫所藏，吸引着国内国外的各族人民，他们从四面八方到这里来参观和朝拜，那些新的建筑之间，真是熙来攘往。当地的妇女，以老人为多，手持香烛，顽强兜售，叫卖得精疲力竭，不过仍在叫卖，匆匆而过的风中到处都是烟灰。

慈恩寺和荐福寺都在西安，清静之极，是我非常喜欢去的地方。在这里，我可以安然地沉想。我以为，这里确实是一个区别于浮华世间的地方。

慈恩寺是李治经唐太宗同意为其母亲建造的，唐太宗对长孙皇后一往情深，当然愿意儿子为她在此祈福。鼎盛之时，慈恩寺曾经有僧人三百。公元645年，玄奘从印度取经回到长安，唐太宗举行隆重的欢迎仪式，并邀其作慈恩寺的主持，以顺利翻译佛经。矗立在这里的大雁塔，就是根据玄奘的构想建造起来的，其作用是保存佛经。它曾经遭到兵火

唐代迎舍利仪式

的多次破坏，但关中两次强烈的地震却并没有摇倒大雁塔。杜甫，高适，岑参，当年都兴趣盎然地登过大雁塔，并赋诗赞之。玄奘在这里介绍和研究佛经，创立了慈恩宗。我到这里，主要是为了休息。我坐在林木之间的石头上，或仰望古都的天空，或欣赏香客的神情，有一种游离于世间之外的感觉，一瞬之间，我仿佛丢掉了一些负担和烦扰。

荐福寺是公元684年的产物。唐高宗李治驾崩之后，国戚皇亲祭奠追思，修建了献福寺。当时，武则天的举动有异且强烈，国戚皇亲很是惊惧，担心武家取代李家。他们为唐高宗李治修建这个献佛寺，是在显示李家的力量，并以此规劝武则天。然而武则天一意孤行，并在公元690年登基当女皇帝，而且将献福寺改为荐福寺。这里的小雁塔是公元705年所作的，唐中宗李显筑小雁塔，表示他对父亲李治的怀念。高僧义净，六十岁之后在荐福寺翻译佛经，教授法理。他反对佛教的印度化，目的在于要实现佛教的中国化，在当时产生了巨大反响。不过今天特别令人注目的还是这里的小雁塔，它属于一座神奇的建筑。公元1487年，关中的强烈地震使它从上到下裂开一尺之余的缝隙，即将倾塌，但发生在公元1556年的地震，却又使它的缝隙合拢，使它现在依然拔地于古木之中。这个寺院清净得有寂寥之感，逗留这里，渺茫的钟声似乎总是在我的幻想之中响着，为之，我神往远逝的岁月，我觉得过去的岁月像古董一样呈着灰色的格调。

小雁塔

雁塔晨钟

敕赐荐福寺南大门

1992 年夏日，我瞻仰了华严寺和兴教寺，这两个佛教寺院坐落于少陵原南缘，风光旖旎的樊川便在少陵原下。我曾经到过这里的寺院，所以并不陌生。然而，我在那个夏日的心情十分忧伤，我的生活将发生巨大的变化，我的思想在悄悄地斗争。我能感觉，我关于人生的新的打算已经出现。尽管如此，我仍陷于愁闷。

　　我慢慢地沿着半坡向兴教寺走着，它的红墙映照着霞光，显得鲜艳庄重，黄莺玲珑的身子从一个树梢窜入别的一个树梢，清脆的叫声穿过乳白的晨雾飞往远方。这些多么美丽！在兴教寺的门口，我碰到一个铲草的僧人，他四十岁左右，身材高大，脸色红润，一个人默默地干着活，似乎很是寂寞。但他却向我传教，要我摆脱世间的苦难。我席地而坐，面对着绿色如海的樊川，且听且想，茫然有增无减。僧人停下活，挂着铁锨，不倦地开导我。实际上我并没有表白我心，我心一定是自己暴露了。这个僧人家在甘肃，父亲是一个木匠，常常为寺院盖房修屋。从父亲那里，他耳闻并神会了关于佛教的要义，向往之，终于在三年之前，舍下妻子儿女出家了。他感觉很好，不过他不告诉他的姓名。

　　兴教寺是玄奘的长眠之处，公元 664 年，他圆寂之后葬于白鹿原。过了五年，弟子将其葬于少陵原，并修寺建塔以示纪念，这便是兴教寺。陪伴玄奘的有僧人圆测和窥基，他们是玄奘的忠实门徒。兴教寺多次遭受毁坏，不过也多次得到修缮。我在清晨的寺院悠悠走着，所到之处，无不铺着青砖与白石。甬路两旁是冬青，玫瑰，牡丹。其他地方是高大的槐树，松树，楝树，它们参天入云，使地面阴湿得滑脚。在金碧辉煌的殿堂门口，

兴教寺大殿

兴教寺窥基塔

两个年轻的和尚在懒懒地张望，他们盯着正在砌墙的工人。工人都脱了上衣，卖力地劳动着。

华严寺伶仃的两座砖塔背负红日默默相对，它们一大一小，一高一低，以衰弱的姿态，抗拒着风雨的浸泡和反复滑坡所带来的威胁。这种情景令我感动，站在那里眺望着，忽然茅塞顿开，一下明朗起来。我踩着乌黑而潮湿的土块，艰难地爬到砖塔下面，用手抚摸着唐代的遗产。锈迹斑斑的风铃微弱而鸣，仿佛是宇宙的私语，一种苍凉之感让我辛酸。

史记，华严寺修建于公元 640 年。佛教的华严宗便是从此发源，其为终南僧人杜顺创立。我看到的东边的砖塔，是杜顺禅师塔，西边的砖塔是清凉国师塔。清凉国师是僧人澄观的法号，由于华严宗得到唐皇帝的信任，遂盛行世间，澄观在整个佛教领域也享有权威。

华严寺的殿堂毁于唐代，是阴雨之中的一次巨大滑坡摧倒它的。少陵原现在仍有滑坡发生，如果没有保护措施，那么这最后的砖塔很是危险。

香积寺矗立于神禾原，潏河与滈河在此地汇集。在唐代，法师善导观其清爽安静，便居此修炼。逝世之后，他的信徒作塔纪念善导，并发展为香积寺。它的周围是灰色的村子和黄色的田野。善导为山东临淄人，小时候便出家，四处学法，十分迷信净土宗。日本的净土宗始于法然上人，不过法然上人的立教思想，是源于中国善导的，这使善导深受日本净土宗信徒的敬拜。1980 年，日本佛教组织给香积寺赠送了善导雕像，以表达其尊崇之意。武则天还到过香积寺，不过她的目的是为当女皇帝寻找理论支持。在唐代，香积寺似乎很是偏僻和荒凉，王维对它的印象是这样的：

> 不知香积寺，数里入云峰。
>
> 古木无人径，深山何处钟。
>
> 泉声咽危石，日色冷青松。
>
> 薄暮空潭曲，安禅制毒龙。

香积寺院内

　　我到香积寺来的时候，刚刚开始下雪，庙里的路由灰变白。暮色之中，数僧独来独往，或扫地，或打水，都低着头，默默看着脚下的雪。所有的草木一律枯萎，雪落在干硬而垂落的叶子上一片沙沙之声。在一间禅房的檐下，晾着黄色的法衣，一层晶莹的冰屑将它绷直了，似乎一点也没有布帛的柔和与飘逸。斑鸠在房顶上悄悄地蹦蹦跳跳，然而不发一声。整个寺院里惟有木鱼在响，它是从一间关门闭窗的禅房传出来的清音。木鱼急骤如雨，轻快如舞，在零星飘浮的雪中，我能朦胧感到它所带出的一种兴奋。侧耳而闻，难解其味。

　　大佛寺在彬县西部，孤独的泾河从它前面流过。那些稀疏的柳树和起伏的田野，为一条曲水所隔，夕阳将凄清的光芒镀在泾河的两岸。在这样的一种情调之中，大佛寺很有魅力。

　　大佛寺引以为贵的是有一个石窟，它在苍黑润滑的紫微山的悬崖上。石窟呈现为巨大的半圆，唐代艺术家所雕刻的数百尊佛，菩萨，飞天，依次排列其中。小佛小如手掌，大佛大如房屋。如此夸张变形而造成的反差，使我感到佛界的神秘莫测。大佛寺石窟是关中唯一的古代艺术宝库，是公元 628 年建造的。柔软的风刀竟能揉平坚硬的青岩，我发现，很多雕刻模糊如云，含混似沙了。

户县的草堂寺先是后秦文桓帝姚兴的逍遥园。五世纪初，姚兴邀请印度高僧鸠摩罗什到长安来传教，让其住在逍遥园翻译佛经并讲法。圆寂之后，也便葬于此地。

1992 年一场大雪之后，我瞻仰了草堂寺。尽管天气晴朗，阳光明亮，但秦岭的圭峰之下却冰滑霜脆，茫茫一片。草堂寺的红墙燃烧在阴冷的田野之中，挺拔的古木伸向宁静的天空，远远的圭峰凝然而寒冷。所有的雪都落在岗峦和峡谷，草木一律染成了白色。草堂寺的红门紧紧关着，连一个缝隙也没有。我敲门呐喊，并反复呐喊敲门，才有僧拉开了红门。一个中年和尚，身披灰袍，拿着佛书，缩着脖子，似乎不悦，

草堂寺院内

天命与宗教

但他却终于敌不过我的诚意，便放我进去。和尚随手推关了红门，那红门发出的悠悠的响声，划破了这里的静谧。一方小小的寺院，晶莹而剔透，松，柏，槐，杨，颜色暗淡，悄然立于甬路两旁的空地，根部都壅着雪。甬路窄狭，仅能移步，不过笔直而四通八达。路面的雪已经扫得干干净净，只是我不见行人。

鸠摩罗什舍利塔罩在明净的玻璃之中，这个以各色石头雕刻镶砌而成的建筑，一千五百余年一直矗立于树林之中。冬日的阳光，穿过古老的松柏照耀着小巧玲珑的塔，它很是明亮，可惜阳光不能驱散包围在它周围的寒气。我静静地走过去，至殿堂里上香。有一个僧人盘腿坐在殿堂门外的椅子上念经，阳光给他黑瘦的右脸涂了一层暖色。他如痴如醉，在我步入殿堂的时候，他竟连眼睛都不睁一下，只是举手致意，之后继续念经。上香结束，我步出殿堂，他仍是举手而已。在幽暗的古木之中，他那充满快感的朗朗之声，像一只轻盈的蜻蜓飞向清澈的天空。大雪之后的天空，是多么柔和多么平静！

石刻　鸠摩罗什三藏法师

佛教是公元一世纪传入中国的，在它立足中国并发展的过程，曾经几度兴衰。人的精神需求是丰富的，中国故有的儒学和道教，并不能完全解决人的烦恼问题，尽管佛教也并非灵丹妙药。不过它关于惩恶扬善的思想，关于人生轮回的思想，关于普度众生的思想，弥补了儒学和道教的不足，使它在中国拥有了一茬又一茬的信徒。由于它是有利于社会统治的，遂得到了那些封建帝王的推崇和支持，它的寺院累累

草堂寺院内

而起。关中的寺院很多，尤其是风景优美的高山大川，几乎无处没有寺院。风雨可能毁灭它们的砖墙和木门，甚至泥土覆盖它们的基础，然而痕迹不逝，影响不散，甚至有机会便能翻新。

在七世纪初，关中处于隋灭唐兴起之际，此时此刻，在阿拉伯半岛，穆罕默德创立了伊斯兰教，并传播安拉的声音。到了八世纪初，唐很是鼎盛了，阿拉伯商贾便通过丝绸之路进入长安，在这里经营生意。公元755年，发生了安史之乱，回纥士兵参加了唐的平叛。社会秩序恢复之后，回纥士兵就留在了长安。大约在这个时候，伊斯兰教开始在关中传播，现在已经有一千二百年之久了。在西安的化觉巷，有一座清真大寺，伊斯兰教的信徒定期在这里朝拜。1992年12月的一天，我到这座清真寺来考察，那里巨大的牌楼，精巧的石栏及威严的殿堂，给了我深深地震撼。我惊叹这里的建筑如此富丽堂皇，而且保护得十分完善。迎春花和木兰花蓓蕾的黄色淡淡的，在清真寺亮如星星。我看到几个阿拉伯人高兴地在那里照相。

后　记

朱　鸿

　　此书所收录的作品，是以唐长安的信仰为题的。文章分为两个时间段而作，其相距 20 余年。当然，最近的文章也是最多的，非常集中地叙述了唐长安的几种宗教活动。一些文章富于感情，一些文章力争准确而简洁，风貌似乎不同。然而它们都是我的，我的文章，我都爱。

　　感谢屈炳耀先生，感谢于希民同学。

二〇一七年八月二十九日夜，窄门堡